ZHONGGUO ZHONGTIE
BIM YINGYONG SHISHI ZHINAN

中国中铁 BIM 应用实施指南

刘 辉 主 编

李昌宁 副主编

人民交通出版社股份有限公司

北 京

内 容 提 要

本书是中国中铁股份有限公司（以下简称中国中铁）BIM技术应用实施的指导性手册，针对中国中铁业务需求和BIM技术应用起步阶段的现状，给出了中国中铁BIM技术应用实施的步骤和规范，以便于所属各企业的应用实施。本书选取了在全国工程建设BIM技术应用大赛中获奖的典型案例，包括中铁二院工程集团有限责任公司宝兰客专石鼓山隧道工程、沪昆客专北盘江大桥工程，中铁一局集团有限公司北京地铁苏州桥车站工程，中铁建工集团有限公司兰州国际商贸中心工程等7个工程项目，并进行了详细介绍。

本书可供中国中铁各成员企业BIM技术应用和研究人员借鉴与参考，也可供高等院校相关专业的师生学习使用。

图书在版编目（CIP）数据

中国中铁BIM应用实施指南 / 刘辉主编. —北京：人民交通出版社股份有限公司，2020.8
　ISBN 978-7-114-16107-0

Ⅰ.①中… Ⅱ.①刘… Ⅲ.①铁路工程—工程项目管理—计算机辅助管理—应用软件—指南 Ⅳ.①F530.31-39

中国版本图书馆CIP数据核字(2019)第282620号

书　　名：	中国中铁BIM应用实施指南
著 作 者：	刘　辉
责任编辑：	李　梦
责任校对：	孙国靖　魏佳宁
责任印制：	刘高彤
出版发行：	人民交通出版社股份有限公司
地　　址：	(100011)北京市朝阳区安定门外外馆斜街3号
网　　址：	http://www.ccpcl.com.cn
销售电话：	(010) 59757973
总 经 销：	人民交通出版社股份有限公司发行部
经　　销：	各地新华书店
印　　刷：	北京盛通印刷股份有限公司
开　　本：	787×1092　1/16
印　　张：	8.5
字　　数：	160千
版　　次：	2020年8月　第1版
印　　次：	2020年8月　第1次印刷
书　　号：	ISBN 978-7-114-16107-0
定　　价：	110.00元

（有印刷、装订质量问题的图书由本公司负责调换）

编委会

主　编

　　刘　辉

副主编

　　李昌宁

编　委（按姓氏笔画为序）

　　牛丽坤　节妍冰　冯　立　朱晓夷　刘建廷

　　李少彬　李　炜　李　栋　李海珍　李增平

　　张宏智　张晓明　陈一鑫　陈文远　郝艳如

　　徐　宏　董晓光　裴清宁　戴　宇

前言

建筑信息模型（Building Information Modeling，以下简称 BIM）技术是一种应用于工程设计与建造管理的数字化信息工具，可大幅度提高工程建设的集成化程度，促进行业生产方式的转变，提高投资、勘察设计、施工、运营维护乃至整个工程生命周期的质量和效率，提升科学决策和管理水平。对于投资，有助于建设单位提升对整个项目的掌控能力和科学管理水平，提高效率，缩短工期，降低投资风险；对于勘察设计单位，可支撑三维设计，强化设计协调，减少因"错、缺、漏、碰"导致的设计变更，促进设计效率和设计质量的提升；对于施工单位，可支撑工业化建造和绿色施工，优化施工方案，促进工程项目实现精细化管理，提高工程质量，降低工程成本和安全风险；对于运营维护单位，有助于提高资产管理和应急管理水平。

目前，我国铁路行业 BIM 技术应用还处于起步阶段，随着我国铁路信息化建设进程的不断推进，推广 BIM 技术将成为铁路工程建设行业发展的必然趋势。中国中铁股份有限公司（以下简称中国中铁）作为我国铁路建设领域的主力军，及时制定发布了《中国中铁 BIM 技术应用策划方案》，并建立了 BIM 技术应用的长效机制，成立了 BIM 技术推广应用领导小组和 BIM 技术应用研发中心；并以 BIM 技术应用研发中心为共同平台，建立 BIM 技术应用的勘察设计、施工、工业制造互动机制，加强勘察设计单位、施工单位和工业制造单位的技术交流和沟通，共同提高 BIM 技术应用水平。

中国中铁所属各勘察设计、施工和工业制造企业已陆续开展了项目级 BIM 技术应用研究，并取得了一定的研究成果。由于中国中铁企业多、涉及的领域广、人员层次结构复杂，要实现 BIM 技术在各企业间的顺利实施和协调发展，很有必要制定中国中铁 BIM 技术应用规范流程以指导企业顺利开展 BIM 技术的应用和推广。

本书是中国中铁 BIM 技术应用实施的指导性手册，针对中国中铁业务需求和 BIM 技术应用起步阶段的现状，给出了中国中铁 BIM 技术应用实施的步骤和规范，以便于所属各企业的应用实施。本书选取了在全国工程建设 BIM 技术应用大赛中获奖的典型案例，包括中铁二院工程集团有限责任公司（以下简称中铁二院）宝兰客专石鼓山隧道工程、沪昆客专北盘江大桥工程和西成线江油北站路基工程，中铁一局集团有限公司（以下简称中铁一局）北京地铁苏州桥车站工程、杭州紫之隧道工程、广州环城际铁路2标东平新城车站工程，中铁建工集团有限公司（以下简称中铁建工）兰州国际商贸中心工程等7个工程项目，并进行了详细介绍，希望通过相关应用案例为中国中铁各企业的BIM技术应用和研究提供借鉴与参考。

限于作者的水平和能力，书中难免存在疏漏和不妥之处，恳请各位专家和读者批评指正。

作　者

2020年6月于北京

目录

第1章 中国中铁 BIM 应用的总体思路 ······················· 1

1.1 BIM 应用实施背景 ······················· 1
1.2 BIM 应用实施目标 ······················· 3
1.3 BIM 应用实施路线 ······················· 4
1.4 BIM 应用实施方法 ······················· 5
1.5 BIM 应用实施初期的问题及挑战 ······················· 6

第2章 企业 BIM 实施步骤 ······················· 8

2.1 制定企业 BIM 实施规划 ······················· 9
2.2 确定 BIM 应用解决方案 ······················· 10
2.3 配置 BIM 的实施资源 ······················· 17
2.4 制定 BIM 成果交付标准 ······················· 23
2.5 建立企业级 BIM 应用规范 ······················· 26

第3章 设计企业 BIM 应用指南 ······················· 28

3.1 设计企业 BIM 应用目标 ······················· 28
3.2 设计企业 BIM 应用流程 ······················· 29
3.3 设计企业主要 BIM 应用点 ······················· 31
3.4 设计企业 BIM 软件方案 ······················· 33

第4章 施工企业 BIM 应用指南 ······················· 36

4.1 施工企业 BIM 应用目标 ······················· 36

4.2　施工企业 BIM 应用流程 ·· 36
　　4.3　施工企业 BIM 主要应用点 ··· 37
　　4.4　施工企业 BIM 软件方案 ·· 49

第 5 章　制造企业 BIM 应用指南 ·· 51
　　5.1　制造企业 BIM 应用目标 ·· 51
　　5.2　制造企业 BIM 应用流程 ·· 51
　　5.3　制造企业 BIM 主要应用点 ··· 52
　　5.4　制造企业 BIM 软件方案 ·· 54

第 6 章　企业 BIM 应用实施保障措施 ······································· 55
　　6.1　政策措施 ·· 55
　　6.2　经济措施 ·· 55
　　6.3　技术措施 ·· 56
　　6.4　人力资源措施 ··· 57
　　6.5　管理措施 ·· 57

第 7 章　BIM 应用典型案例 ··· 58
　　7.1　中铁二院宝兰客专石鼓山隧道工程 ·· 58
　　7.2　中铁二院沪昆客专北盘江大桥工程 ·· 70
　　7.3　中铁二院西成线江油北站路基工程 ·· 79
　　7.4　中铁一局北京地铁苏州桥车站工程 ·· 87
　　7.5　中铁一局杭州紫之隧道工程 ··· 95
　　7.6　中铁一局广州环城际铁路 2 标东平新城车站工程 ················ 103
　　7.7　中铁建工兰州国际商贸中心工程 ·· 108

附录 1　常用术语及释义 ··· 123

附录 2　BIM 评价指标成熟度总表 ··· 124

参考文献 ··· 126

第1章
中国中铁BIM应用的总体思路

BIM技术从20世纪90年代提出至今,已经从概念普及进入到应用普及阶段,开展了从小范围、企业内的试验到局部范围、多方协同的实践,并逐步向全产业链协同、全生命周期实施应用迈进。目前,美国、新加坡、日本、韩国等多个国家已在建筑行业提出了BIM应用要求,并建立了相关的BIM企业级和行业级应用标准。我国建筑、水电等行业BIM应用相对成熟,已在全力推广BIM技术的应用。同建筑、水电等行业相比,铁路行业BIM应用还处于起步阶段。随着中国铁路信息化建设进程步伐的不断推进,BIM技术将成为铁路工程建设行业发展的必然趋势。中国中铁作为铁路建设领域的主力军,对推动行业技术进步起着重要的作用。

BIM技术的推广应用将给中国中铁业务变革带来机遇和重要价值,但要实现BIM技术在企业的普及应用,还是一项长期而艰巨的任务。本书是中国中铁BIM应用实施的指导性手册,根据国内外建筑行业BIM实施经验和标准,结合企业实情,针对中国中铁业务需求和BIM应用起步阶段的现状,给出了中国中铁BIM应用实施的步骤和规范,以便于所属各企业的应用实施。

1.1 BIM应用实施背景

BIM是利用数字模型对项目进行设计、施工、运营的过程,包含了项目所有的几何、物理、功能和性能信息,项目不同的参与方在项目的各个阶段可以基于同一模型,利用和维护这些信息进行协同工作,对项目进行各种类型和专业的计算、分析和模拟。

20世纪90年代初,设计行业经历了从手工画图到甩掉图板进行二维的计算机画图的第一次变革。目前正经历从二维的计算机画图转为基于BIM设计的第二次变革。随着国家对信息化和工业化融合的推进，BIM技术的应用，将全力支撑工程建设行业工业化进程的发展。

BIM的提出和发展，对工程建设行业的科技进步产生了重大影响。应用BIM技术可大幅度提高工程建设的集成化程度，促进工程建设行业生产方式的转变，提高投资、设计、施工、运营维护乃至整个工程生命期的质量和效率，提升科学决策和管理水平。对于投资，有助于建设单位提升对整个项目的掌控能力和科学管理水平，提高效率，缩短工期，降低投资风险；对于勘察设计单位，可支撑三维设计，强化设计协调，减少因"错、缺、漏、碰"导致的设计变更，促进设计效率和设计质量的提升；对于施工单位，可支撑工业化建造和绿色施工，优化施工方案，促进工程项目实现精细化管理，提高工程质量，降低成本和安全风险；对于运营维护单位，有助于提高资产管理和应急管理水平。

BIM是一种应用于工程设计建造管理的数字化工具，支持项目各种信息的连续应用及实时应用，可以大大提高设计、施工乃至整个工程的质量和效率，显著降低成本。在发达国家和地区，为加速BIM的普及应用，相继推出了各具特色的技术政策和措施。美国是BIM的发源地，BIM研究与应用一直处于领先地位。2007年发布的《美国国家BIM标准》（第1版第1部分）确定的目标是到2020年，以BIM为核心的建筑业信息技术每年为美国节约2000亿美元。2011年英国发布的《政府建筑业战略》为以BIM为核心的建筑业信息技术应用设定的目标是减少整体建筑业成本10%～20%。2012年澳大利亚发布的《国家BIM行动方案》指出，在澳大利亚工程建设行业加快普及应用BIM可以提高6%～9%的生产效率。韩国从2016年开始实现全部公共设施项目使用BIM。新加坡2015年建筑工程BIM应用率已达到80%。BIM正在成为继CAD（Computer Aided Design，计算机辅助设计）之后推动建设行业技术进步和管理创新的一项新技术，将是进一步提升企业核心竞争力的重要手段。BIM的发展得到了我国政府和行业协会的高度重视，BIM技术是住房和城乡建设部建筑业"十二五"规划重点推广的新技术之一，我国从"十五""十一五"到"十二五"在科技支撑计划中相继启动了BIM研究工作，科技部于2013年批准成立建筑信息模型BIM产业技术创新战略联盟。上述工作对我国BIM技术研究和应用起到了良好的引导和推动作用。

当前，中国铁路行业已经意识到BIM应用和发展的必然趋势，原中国铁路总公司从2013年4月开始，多次召集轨道交通相关单位专题讨论BIM技术促进铁路建设信息化等问题，并正式立项开展"铁路工程建设信息化关键技术研究"，同时牵头成立中国铁路BIM联盟，标志着BIM在中国铁路行业应用正式启动，中国铁路的BIM应用进入一个快速发展阶段。

中国中铁紧跟国内BIM发展步伐，针对BIM技术在中国中铁的研究应用开展了一系列工作。2013年7月，中国中铁在重庆组织召开了总工程师会议暨BIM技术应用推广大会。

会议通过了《中国中铁BIM技术应用策划方案》，并决定建立BIM技术应用的长效机制，成立BIM技术推广应用领导小组和股份公司BIM技术应用研发中心，以BIM应用研发中心为共同平台，建立BIM应用的勘察设计、施工、工业制造互动机制，加强勘察设计单位、施工单位和工业制造单位的技术交流和沟通，共同提高BIM技术应用水平。2014年3月7日，中国中铁BIM技术应用研发中心成立大会暨第一届第一次理事会在成都召开，标志着中国中铁BIM技术推广应用进入了一个新的阶段。各理事单位将以研发中心为平台，充分发挥各自优势，优化集成，不断创新，为中国中铁转型升级、实现新的腾飞而奋斗。

通过在中国中铁内部研究及推广BIM技术，进一步参与铁路工程建设相关标准、业务流程等的制定，实现了BIM技术应用系统的有效推进和中国中铁BIM技术应用人才的培养，有利于基于BIM技术的拥有自主知识产权的整体系统解决方案的研究。BIM技术将作为中国中铁建立精细化管理和流程再造的重要手段，可进一步提高中国中铁的核心竞争力，占据国内高端市场，拓展国际市场，产生新的商业价值和社会效益，提升中国中铁在整个工程建设行业的市场占有率和市场影响力，实现"具有较强国际竞争力的大公司大企业集团"的战略目标。

1.2 BIM应用实施目标

中国中铁BIM应用实施，要依据国家和行业的BIM技术标准，以勘察设计、施工、工业制造等主要业务领域为依托，对建设项目从规划、勘察、设计到施工的全生命周期进行BIM技术应用，促进企业资源整合、知识共享、流程再造、经营模式创新、价值链重组，为实现中国中铁"全国最大建筑工程承包商、力争世界建筑企业第一、进入并稳居世界企业百强企业级"战略目标提供保障。BIM技术应用分阶段目标如下：

（1）2013—2015年，实现各业务领域的试点工程BIM技术应用，达到工点BIM应用能力成熟度5级。

（2）2016—2018年，实现中国中铁所属各企业BIM技术的全面应用，达到子公司级BIM应用能力成熟度6级。

（3）2019—2020年，在中国中铁范围内完成BIM技术的整合应用，达到整体BIM应用能力成熟度7级。

（4）2021年起，每5年为一个周期持续优化改进，最终整体BIM应用能力成熟度达到10级。

BIM应用能力成熟度的定义参见附录2《BIM评价指标成熟度总表》。

1.3 BIM应用实施路线

中国中铁BIM的实施路线紧紧围绕BIM技术应用的目标，将中国中铁BIM技术应用分为起步阶段、深入阶段、整合阶段和巩固阶段，从股份公司、勘察设计企业、施工企业、工业制造企业四个层面来实施。

具体实施路线如表1-3-1所示。

中国中铁BIM实施路线　　　　　　　　表1-3-1

企业类别	起步阶段（2013—2015年）	深入阶段（2016—2018年）	整合阶段（2019—2020年）	巩固阶段（2021年及之后）
股份公司	①制定BIM技术应用方案和相关政策； ②前期筹备，包括BIM咨询和探讨、组建中铁BIM技术应用团队、组织调研等； ③组织下属企业进行BIM技术应用研究，支持参与行业标准制定	根据行业标准，制定中铁下属企业全面推广BIM应用实施指南	①建设项目全生命周期组织指挥管理系统和公众信息发布平台； ②制定基于BIM技术应用的企业标准； ③建立云平台和数据中心，实现全中国中铁基础设施的整合、集成	持续优化改进
勘察设计企业	①制定企业BIM技术应用方案； ②组建企业BIM技术应用团队； ③初步建立BIM应用基础设施； ④选择或研发BIM应用设计软件； ⑤积极参与BIM技术应用试点和技术研究； ⑥争取参与行业设计相关标准制定； ⑦探索企业内部BIM技术业务流程、行为规范和数据接口关系	①总结经验，企业内BIM推广应用； ②梳理企业内BIM应用设计及管理流程； ③选定或开发适合本企业的BIM协同设计平台； ④制定专业间数据接口标准、设计行为标准、设计资源标准、设计交付标准； ⑤建成企业BIM应用基础设施	①在本企业BIM协同设计平台基础上，开发外部协调接口； ②完善基于BIM设计和管理的相关标准； ③实现企业内、外部协同工作基础设施的互联互通	持续优化改进
施工企业	①制定企业BIM技术应用方案； ②组建企业BIM技术应用团队； ③初步建立BIM应用基础设施； ④选择或研发BIM应用软件； ⑤积极参与BIM技术应用试点和技术研究； ⑥争取参与行业施工相关标准制定； ⑦探索企业内部BIM技术业务流程、行为规范和数据接口关系	①总结经验，企业内BIM推广应用； ②梳理企业内BIM应用施工及管理流程； ③选定或开发适合本企业的BIM施工组织管理平台； ④制定工序间数据接口标准、施工行为标准、施工资源标准、竣工交付标准； ⑤建成企业BIM应用基础设施	①在本企业BIM施工及组织管理平台基础上，开发外部协同接口； ②完善基于BIM施工和管理的相关标准； ③实现企业内、外部协同工作基础设施的互联互通	持续优化改进

续上表

企业类别	起步阶段 （2013—2015年）	深入阶段 （2016—2018年）	整合阶段 （2019—2020年）	巩固阶段 （2021年及之后）
工业制造企业	①制定企业BIM技术应用方案； ②组建企业BIM技术应用团队； ③初步建立BIM应用基础设施； ④选择或研发BIM应用软件； ⑤争取参与行业相关标准制定； ⑥探索企业内部BIM技术业务流程、行为规范和数据接口关系	①总结经验，企业内BIM推广应用； ②梳理企业内BIM应用产品制造及管理流程； ③选定或开发适合本企业的BIM产品集成制造平台； ④制定工序间数据接口标准、制造行为标准、产品模型交付标准； ⑤建成企业BIM应用基础设施	①在本企业BIM产品集成制造平台基础上，开发外部协同接口； ②完善基于BIM的产品制造和管理的相关标准； ③实现企业内、外部协同工作基础设施的互联互通	

1.4 BIM应用实施方法

BIM应用实施方法是规划、组织、控制和管理企业BIM实施工作的具体措施，是企业信息化的重要手段与行为方式。中国中铁BIM应用实施过程中，要综合考虑BIM规划实施的各项因素，包括生产经营需要满足的各种需求、制约企业发展的瓶颈、企业的技术路线，以及企业当前的BIM应用基础和人员素质等。

目前，企业BIM实施主要有两种基本形式：

1）从企业级规划到项目全面实施的方式——自顶向下

先建立企业整体BIM的战略规划和组织规划，通过试点项目验证企业级整体规划的合理性并不断完善更新，然后在企业内全面推广。

2）从项目型实践到企业级整体实施的方式——自底向上

实施前期主要以满足甲方需求为目的，基本围绕项目运行。在积累一定项目经验的基础上，制定出适合企业自身发展的BIM整体规划和实施方案，逐步扩展到企业级实施。

BIM实施是一个系统工程。对中国中铁而言，所属企业众多、业务结构复杂，BIM应用不可能一蹴而就，建议采用自顶向下和自底向上相结合的方式。根据BIM应用总体目标，由股份公司组织对BIM技术应用进行整体规划，在对所属各企业BIM技术应用现状梳理的基础上，规划出BIM技术实施路线，并制定整体的应用方案和实施指南，协调、指导各所属企业分阶段推进实施BIM技术的应用。所属各企业根据股份公司制定的整体应用方案，开展BIM技术应用工作，逐步总结，成果共享，最终形成中国中铁BIM技术应用全面推进的良好局面。

1.5 BIM应用实施初期的问题及挑战

目前,中国中铁所属各设计、施工、制造企业已开展了部分项目级BIM应用研究,取得了一定的研究成果。但总体来说,中国中铁整体BIM实施尚处于起步阶段,还存在许多难以回避的问题和挑战,主要体现在以下几个方面:

1) 既得利益的冲突

中国中铁BIM实施将涉及所属各企业的每个环节,对企业现有业务流程和管理模式都会带来很大变化,如企业的盈利模式、企业内岗位的重新设置、员工的考核与利益分配方式等,是企业内责任链和利益链再分配的过程。因此,如何让企业管理层达成共识、让全体员工接受BIM实施带来的变化,是中国中铁BIM实施中面临的最大挑战。对此,各企业应在BIM标准制定和贯彻实施中引起足够的重视。

2) 管理模式的改变

基于BIM的实施方法与传统二维的方法存在明显的不同,原有的制度和标准已不能满足基于BIM模式的需要,两者之间存在一定的冲突。如对软硬件及网络等环节资源要求更高,对于信息资源的管理也必须从传统的分散式管理转变为集中的统一式管理模式,对资源的管理也将更加精细等。在采用BIM技术后,需对企业现有的制度及标准进行必要的调整,主要将涉及企业的资源管理、行为管理、激励机制、成果交付及质量控制等方面。与之同步的,是对企业的组织机构和人力资源等做相应的改变。

3) 业务流程的再造

BIM技术提供了一种数字化的统一建筑信息模型表达方法,可以支持多专业团队协同的并行业务模式。这种业务模式变化必然导致传统串行式业务流程的改变,并对与其相关的建模、分析等业务内容产生影响,同时也会使原有的协作方式发生相应的变化。在采用BIM技术以后,企业必须重新定义和规范这种新的业务流程,才能保证基于BIM实施过程的运转顺畅。基于BIM技术的流程再造是设计、施工和制造企业必须面临的重要挑战。

4) 信息资产的管理

在基于统一BIM模型的实施过程中,BIM模型将逐步取代二维图纸,成为核心交付物,其中也包括从模型自动生成的二维示意图。作为一种新的企业信息资产,BIM模型不仅作为一种新的存档资料,更多是要为各专业复用和共享,因此已无法用二维图纸的管理模式——档案管理,需要建立一套信息资产的管理模式,即BIM模型的标准化定义与管理规范。在制定BIM标准与管理规范时,应与现有的二维审图、制图标准衔接,以保证模型与相关图纸信息的有效关联,并达到较高的出图效率。

5)分配机制的改变

BIM技术的应用将带来各阶段、各专业、各工序的任务分配及工作量的变化,原有企业内的考核机制、分配机制及奖励机制必须进行相应的改变。

同时,整个行业BIM的应用也会改变各阶段的取费、付费标准,这些不仅涉及各企业内部的改变和调整,也涉及整个行业,需要各方协调,建立新的基于BIM产业链的分配机制。这是未来建筑行业信息变革的重大挑战。

中国中铁各企业要理性面对BIM应用实施初期的问题和挑战,正确处理好传统技术与BIM技术、生产任务与BIM应用的关系,根据企业自身实际,制定切实有效的BIM实施规划,分阶段、分步骤开展BIM研究和应用试点工作,保证BIM技术在中国中铁按既定目标有序地发展。

第2章
企业BIM实施步骤

中国中铁所属各勘察设计、施工和工业制造企业已陆续开展了项目级BIM应用研究,并取得了一定的研究成果。但是中国中铁企业多、涉及的领域广、人员层次结构复杂,要实现BIM技术在各企业间的顺利实施和协调发展,有必要制定中国中铁BIM应用规范流程,以指导企业顺利开展BIM技术的应用和推广。

按照中国中铁BIM应用实施路线,计划分起步阶段、深入阶段、整合阶段和巩固阶段等四个阶段完成BIM技术在中国中铁的全面应用。本章按制定实施规划、准备实施资源、确定BIM应用点及解决方案、制定成果交付规范、制定企业BIM标准规范等步骤对中国中铁所属企业的BIM实施进行分析,供各单位借鉴执行。企业BIM实施步骤示意图如图2-0-1所示。

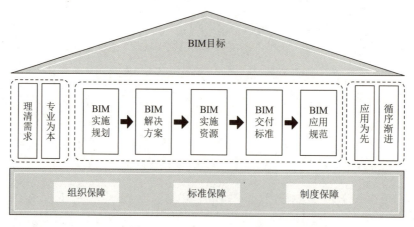

图2-0-1　企业BIM实施步骤示意图

2.1 制定企业BIM实施规划

企业BIM实施的第一步,首先应成立专业的BIM规划团队,着手BIM实施规划的制定。BIM实施规划将对企业BIM应用的实施过程,起到关键性的指导作用。规划团队需要依据企业的发展战略,结合企业自身的条件,明确企业BIM建设和应用目标与方向,从需求出发制定企业自身的BIM实施规划。

企业BIM实施规划应包括BIM的实施目标、实施流程、信息交换要求和基础条件等四个部分。

1) BIM实施目标

BIM实施目标的制定应该是短期目标和中长期的阶段性目标相结合的方式。短期目标可以具体到某一项目BIM应用和实现的主要价值,如创建BIM设计模型、4D模拟(四维模拟)、成本预算等,通过借助BIM技术解决什么问题,注重局部技术的实现和突破。中长期的目标是通过不同的BIM应用对企业的利益贡献进行分析和排序,最终确定企业今后要实施的BIM应用。同时,企业实施BIM的过程将意味着全新且完整的业务流程和生产组织方式的产生,因此中长期目标还要体现企业整体的资源整合、流程再造和价值提升等不同过程。

2) BIM实施流程

BIM实施流程分整体流程和详细流程两个层面。整体流程确定不同BIM应用之间的顺序和相互关系,使得所有团队成员都清楚自己的工作流程和其他团队成员工作流程之间的关系;详细流程则进一步安排每个BIM应用内部的活动顺序,定义输入与输出的信息模块及相应的信息输出情况。BIM实施流程可以用流程图来表达,在编制BIM总体流程图时应考虑以下三项内容:

(1)梳理BIM实施的流程。

(2)根据实施项目的发展阶段安排BIM应用的顺序。

(3)确定BIM交互的成果。

3) 信息交换要求

BIM实施过程中将涉及设计、施工、制造、运营维护之间的信息交换,实施规划应定义不同参与方之间的信息交换要求,特别是每一个信息交换的信息创建者和信息接收者之间必须非常清楚信息交换的内容。

4）BIM基础条件

为保证BIM实施的顺利推进，需要具备和满足的必要基础条件，包括落实和确定交付成果的结构、合同语言、组织人员安排、沟通程序、质量控制程序和技术架构、技术基础设施（BIM实施需要的硬件、软件和网络基础设施）等。

2.2 确定BIM应用解决方案

企业BIM应用规划的具体实施，应该从单项BIM专业应用入手，先选择几个关键的BIM应用点（例如：碰撞检查、工程量计算等），实现BIM应用的单项突破，然后通过建立BIM试点项目，逐步扩展到多阶段、多专业的集成应用，积累和总结实施经验，研究摸索适合企业自身的BIM技术解决方案，最终实现工程项目全生命周期的BIM应用。

2.2.1 如何选择BIM应用点

根据美国BSA（Building Smart Alliance，建筑智能联盟）总结的25种BIM的不同应用，我们结合中国铁路行业的特点，总结归纳了20种常用的BIM应用类型（图2-2-1），按照建设项目的规划、设计、施工、运营维护的时间段组织，有些应用跨越一个或多个阶段（例如BIM

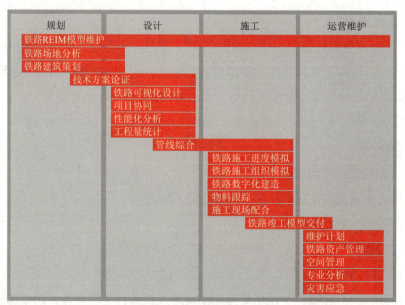

图2-2-1 铁路工程建设各阶段BIM应用

模型维护），有些应用则局限在某一个阶段内（例如性能化分析）。企业的BIM规划团队需要根据项目特点、参与方的目标和能力、期望的风险分担等选择最合适的BIM应用。

企业选择BIM应用可以从以下几个方面进行评估决定：

（1）定义可能的BIM应用：规划团队考虑每一个可能的BIM应用以及它们和BIM实施目标之间的关系。

（2）定义每一个BIM应用的责任方：每个BIM应用至少应该包括一个责任方，责任方应该包括所有涉及该BIM应用实施的所有团队成员，以及对BIM应用实施起辅助作用的可能外部参与方。

（3）评估每一个BIM应用的每一个参与方在下列几个方面的能力：

①资源：参与方具备实施BIM应用需要的资源，这些资源包括BIM团队、软件、软件培训、硬件、IT支持（互联网技术支持）等。

②能力：参与方是否具备实施某一特定BIM应用的知识。

③经验：参与方过去是否实施过某一特定BIM应用。

（4）定义每一个BIM应用增加的价值和风险：进行某一特定BIM应用可能获得的价值和潜在风险。

（5）确定是否实施某一个BIM应用。

规划团队详细讨论每一个BIM应用是否适合企业或某个建设项目及团队的具体情况，包括每一个BIM应用可能带来的价值以及实施的成本，实施或不实施每一个BIM应用可能带来的风险等等，确定实施哪些BIM应用，不实施哪些BIM应用，最后再根据铁路项目全生命周期不同阶段的特点，确定实施BIM应用的先后顺序及步骤。

2.2.2 如何选择BIM试点项目

通常不建议中国中铁各企业一开始就全面实施BIM，而是应该从试点项目、小型团队开始，先解决核心业务点的需求，再解决业务线的需求，积累经验，逐步推广。试点项目一般是已完成或是已经心中有数的项目，因此可以集中精力学习软件，而不至于产生延误工期的风险。此项目应涵盖各主要专业，规模和复杂性适中，可以让各个专业的工程师都有机会参与和熟悉BIM软件平台，同时也可以培养出核心骨干为将来的大规模推广打下基础。试点项目取得一定成功之后，可以在企业内举办BIM项目成果总结会，并依据试点项目的成果决定下一步的更大范围推广和实施计划，如建立企业BIM标准、企业BIM族库或模板库等。

2.2.3 制定企业级BIM解决方案

在中国中铁企业中开展BIM应用,不是单纯地将BIM软件应用于铁路工程项目中,而应该着眼于全局,进行BIM技术解决方案的研究。企业级BIM技术架构的实现,可以采用全新开发的模式,但是整体的难度较大,且缺少相应的技术支撑,技术风险很大。因此可以考虑先以主流BIM厂家的解决方案为基础,在厂家的技术支持下处理各不同厂家数据格式兼容性,然后按企业自身的业务现状进行组合、完善、扩展、改造各个应用系统,最终形成本企业的BIM解决方案,以满足中国中铁各企业BIM应用的需要。

目前占据国内BIM软件市场的主流厂商主要有欧特克(Autodesk)、达索系统(Dassault Systems)、奔特力(Bentley)、泰科拉(Tekla)等,这些软件厂商的BIM技术解决方案各有特色。

1)Autodesk BIM技术解决方案

Autodesk提供了专业的BIM系统平台及完整的、具有针对性的解决方案。Autodesk整体BIM解决方案覆盖了工程建设行业的众多应用领域,涉及建筑、结构、水暖电、土木工程、地理信息、流程工厂、机械制造等主要专业,如图2-2-2所示。

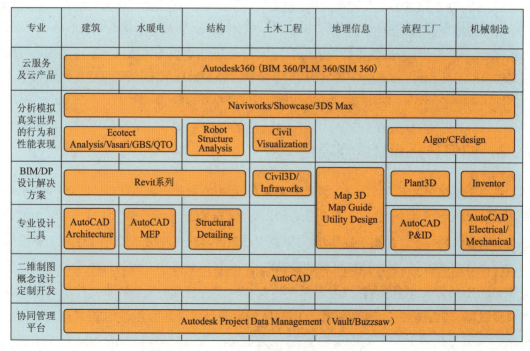

图2-2-2　Autodesk BIM技术解决方案

Autodesk针对不同领域的实际需要，特别提供了Autodesk建筑设计套件2013、Autodesk基础设施设计套件2013等综合性的工具集，以支持企业的BIM应用流程。其中，面向建筑全生命周期的Autodesk BIM解决方案以Autodesk Revit软件产品创建的智能模型为基础；面向基础设施全生命周期的Autodesk BIM解决方案以AutoCAD Civil 3D土木工程设计软件为基础。同时，还有一套补充解决方案用以扩大BIM的效用，包括项目虚拟可视化和模拟软件、AutoCAD文档和专业制图软件以及数据管理和协作系统软件。

2）Dassault Systems BIM技术解决方案

Dassault Systems公司提供的全流程BIM/PLM（Product Lifecycle Management，产品生命周期管理）解决方案包括：项目协同管理平台ENOVIA、设计建模平台CATIA及Digital Project（数字化项目）、建筑性能分析平台SIMULIA（ABAQUS）、施工模拟平台DELMIA、虚拟现实交互平台3DVIA等五大类软件平台，涵盖建筑行业所涉及的全部项目生命周期。

Dassault Systems的整个BIM系统平台是一个有机整合体，具体的产品架构如图2-2-3所示。

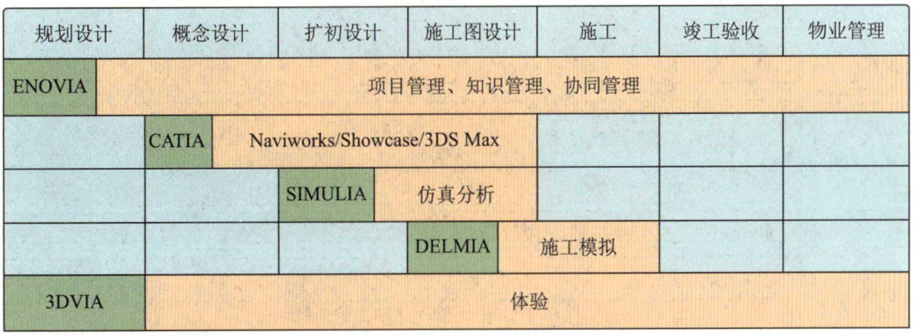

规划设计	概念设计	扩初设计	施工图设计	施工	竣工验收	物业管理
ENOVIA	项目管理、知识管理、协同管理					
	CATIA	Naviworks/Showcase/3DS Max					
		SIMULIA	仿真分析				
			DELMIA	施工模拟			
3DVIA	体验					

图2-2-3　Dassault Systems BIM技术解决方案

Dassault Systems的BIM系统平台涵盖了工程建筑行业项目全生命周期，能满足行业内用户在各个阶段对BIM数据处理的要求。平台上的各个系统软件包含了大量的模块以针对不同客户的不同需求。Dassault Systems旗下不同品牌系统软件之间实现了统一的底层数据结构，以此可以轻易地将其有机结合在一起，实现数据之间的无缝连接，不会存在其他厂商自身不同品牌软件之间有时仍需要通过中间格式进行数据传递而导致数据丢失和难以实现双向同步的状况。

3）Bentley BIM技术解决方案

Bentley的产品以支持协同工作及数据共享为原则，其综合解决方案集成了用于建筑及基础设施设计的Microstation（微型工作站）图形环境，用于项目团队协同工作的Project

Wise工程项目管理环境以及用于资产运营管理的Asset Wise资产信息管理环境。通过专业应用模块的有机组合,形成适用不同领域的综合解决方案,所有这些解决方案均支持数据互用及团队协同工作,辅以全球专业服务,持续支持全球建筑及基础设施建设。

Bentley公司在2012年3月正式推出新一代的以AECOsim Building Designer（ABD）及相应的能耗计算系统AECOsim Energy Simulator（AES）为主的建筑行业解决方案。它是一个基于BIM理念的解决方案,关注建筑项目的协同设计及工程信息存储、设计、建造、运营维护整个生命周期的应用。解决方案的整体架构如图2-2-4所示。

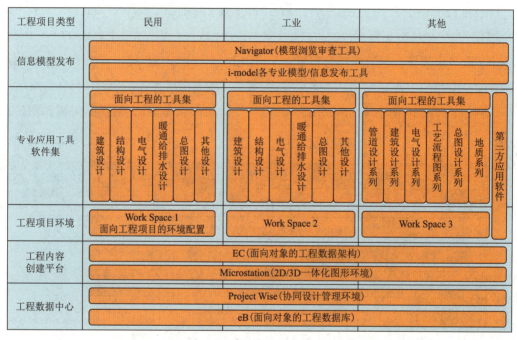

图2-2-4　Bentley BIM技术解决方案

4）Tekla BIM技术解决方案

Tekla在建筑和施工领域提供了基于模型的软件产品Tekla Structures和Tekla BIM Sight,基于模型的Tekla建筑信息模型方案覆盖所有关键细节,以一体化的方式管理整个建筑过程,是多方位支持项目运作的全能工具。Tekla的目标是为广大企业提供最富价值的高效工具,使之可以为未来的发展预留更多的资源和时间。

Tekla Structures软件配置（图2-2-5）提供了一个精确、详细及细致的三维数据环境,可以由以下领域共享:结构设计、钢结构深化及加工、预制混凝土、现浇混凝土、建筑建造、教育、应用程序开发,为所有结构提供行之有效的解决方案。

Tekla Structures提供的建筑信息模型解决方案支持从建筑设计到建造、吊装和现场管理的各个施工环节。建筑设计师、结构工程师、详图深化人员、工程加工人员、现场安装与管理人员、建设单位、总承包单位等都可以将自己的信息加入这个模型,也能从中获取信息。Tekla Structures 集成的工作流程图如图2-2-6所示。

图2-2-5　Tekla Structures 软件配置

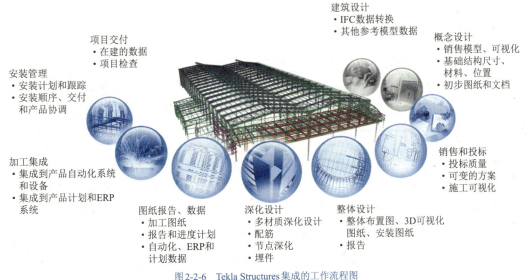

图2-2-6　Tekla Structures 集成的工作流程图

Tekla Structures 不仅是预制混凝土行业适用的设计和细部设计软件,也适用于现浇混凝土,因此成为了承包商关注的重点。Tekla Structures 软件是一款集成了钢筋信息与建筑材料信息的强大工具,广泛运用于从设计到施工的各个项目环节,它是唯一可以集成弯曲钢筋表之类的钢筋信息并将其用于施工的解决方案。

更快、更准确的图纸和报告、零错误设计和精准的深化、协同工作使不同专业间的配合顺畅,协同设计使效率提高,缩短项目周期。Tekla Structures 高度细致的"完工后"结构模型的创建、整合以及分割,可以让用户实现最高级别的建筑和产品控制;把所有信息整合进模型可以实现更多的合作以及更好的项目管理与交付。这种转化可以更好地提高生产效率并且减少浪费,实现建筑和建造的可持续发展。

Tekla Structures 是一个开放的软件解决方案，可以和行业内其他顶尖软件接口，并且可以最高级别保证数据的完整性和准确性。Tekla 与分析和设计、管理信息系统（MIS）、加工机械、项目管理、建筑及工业整合、成本估算行业内广泛使用的软件有接口，如 Robobat、STAAD Pro、SAP2000、StruSoft、ArchiCad、Revit、MagiCAD 等都是 Tekla 的合作伙伴。Tekla Structures 既可与其他现有应用程序配合使用，也可单独作为开发自制内部解决方案的平台，它是支持协同工作和标准化的开放式平台。通过采用 Microsoft.NET 技术设置的 Tekla Open API 应用编程接口，Tekla 可链接到多种不同系统。

5）技术解决方案总体评价

Autodesk 解决方案在建筑领域有优异的表现，对建筑水暖、电气等专业针对性强，操作简便，但特别异形的建筑构造也需要通过外部软件进行创建，再导入 Autodesk 相关软件中，开展实际工作。另外，由于缺乏对地质专业三维体建模需求的支撑，无法在铁路工程领域实现地质、路基、隧道、桥梁等三维设计工作。Autodesk 旗下不同产品之间的设计成果数据格式不统一也是比较明显的缺陷。

Dassault Systems 的核心产品 CATIA 是制造行业内高端产品，具有很强大的三维曲面造型功能，能够满足很多异性结构的复杂建模需求，地质三维建模能力强。Dassault Systems 主推全生命周期管理（PLM）解决方案，其 Matrix One 在国外多家客户以及中国电建集团成都勘测设计研究院有限公司（简称成勘院）有所应用，近几年开始进军工程建设行业，曾参与国家体育场鸟巢项目的复杂结构设计，并在国内水电行业最大的用户成勘院树立了成功案例。其国内代理商具有较强的项目实施能力，具有直接支持客户的服务模式，即客户化定制，但存在产品价格较贵、对 AEC 行业标准支持还不够完善的问题。

Bentley 在国内土木工程行业有不少针对性的解决方案，在国内提供厂商直销业务，有专门的厂商技术团队提供服务。但其技术支持规模有限，目前只能覆盖少量大客户，销售渠道建设较差。但绝大多数用户有多年的 AutoCAD 使用经验和习惯，这是 Bentley 产品推广的最大阻力，直接导致产品难以学习，不符合用户操作习惯，其使用的部分格式不主流，产品本地化程度不高，不同产品之间的数据交换不太理想，但 Bentley 强大的数据处理能力和协同能力为大场景数据集成、多专业协同提供了条件，比较适合铁路带状工程的特点。

综上所述，目前主流 BIM 方案厂商的软件都基本具备实施 BIM 解决方案的能力，但其产品和服务上或多或少都存在一些缺陷，需在实际应用时解决不同厂商数据兼容性的问题，应在其本地化、信息交互标准化、适应行业特性化等方面进行完善和改进，才能更好地适应中国中铁的业务需要和行业要求。

根据以上 BIM 解决方案的分析，建议采用 Bentley 公司的技术解决方案作为专业整体协同的基础平台,采用 Dassault Systems 公司的技术解决方案作为站前专业 BIM 应用基础平台,采用 Tekla 公司的技术解决方案作为钢结构专业基础平台,采用 Autodesk 公司的技术解决方案作为站后专业 BIM 应用基础平台,工业机械制造 BIM 应用基础平台则可根据数据机床数据接口要求进行选择,并在以上选择的基础平台上根据应用需求进行二次开发,最终集成整合到整个中国中铁 BIM 技术应用解决方案中。

2.3 配置BIM的实施资源

BIM 技术是引领工程建设行业技术革命的有效手段。要实现 BIM 技术在中国中铁的顺利实施,需要各企业开展 BIM 实施所需的生产要素建设,为 BIM 的顺利实施做好充分准备。生产要素主要包括 IT 环境资源、BIM 人力资源和 BIM 模型资源等。

2.3.1 IT环境资源建设

IT 环境资源是指企业 BIM 实施过程中所需的软件、硬件技术条件及其他相关基础设施,如 BIM 实施所需的各类软件系统工具、桌面计算机、服务器、网络资源、数据存储系统等。

1）BIM软件资源

选择适用的 BIM 软件是开展 BIM 技术应用研究的首要条件,也决定了 BIM 技术应用的可操作性和协调性。

目前市场上主流的 BIM 软件服务商提供了很多种类的 BIM 软件产品,企业需要对主流的 BIM 软件服务商及产品进行深入的调研分析和技术交流,确定最适合本企业的软件平台一般包括以下四个步骤。

(1)初步筛选

全面考察市场上现有的国内外 BIM 软件及应用状况,结合本单位的业务需求和企业规模,充分考虑 BIM 软件的功能、本地化程度、应用接口能力、软件性价比以及技术支持能力等关键因素,从中筛选出可能适用的 BIM 软件平台,如有必要,企业也可请相关的 BIM 软件服务商、专业咨询机构等提出咨询建议,并在此基础上经过初步筛选形成本单位的 BIM 应用软件调研报告。

(2)分析评估

对初选的 BIM 应用软件进行分析评估,分析评估指标包括:是否符合企业的整体发展战略规划、可能对企业业务带来的收益产生的影响、软件部署实施的成本和投资回报率估算、软件以及企业内设计专业人员接受的意愿和学习难度等，并在此基础上经过分析评估形成BIM应用软件的分析报告。

（3）试用测试

抽调部分设计专业人员，在分析报告的基础上选定部分BIM软件进行试用测试。为了保证测试的完整性和可靠性，可选择部分试点项目进行全面测试，软件性能测试由信息部门的专业人员负责，软件功能测试由部分设计专业人员负责，在此基础上，经过试用测试形成BIM应用软件的测试报告和备选软件。

（4）审核批准

将BIM软件的分析报告、测试报告和备选软件，一并上报给企业的决策部门审核批准，经批准后列入企业的应用工具集，后续可开展软件购买、系统部署及一系列的培训应用等工作。

企业BIM软件的应用并不是一蹴而就的，各工程建设行业具有专业众多、专业间交叉影响很大、施工工序多等特点，任何一家软件公司的主流BIM软件产品目前都还无法覆盖到工程建设全生命周期的整个过程。不同的软件开发商可能仅针对某一些特定专业研发了相应三维设计软件，这些软件产品之间交互性较差，功能尚不完善，要提高BIM全生命周期应用，尚需对软件进行二次开发。各企业需要结合自身条件，继续开展长期的BIM软件平台应用技术的研究工作，或者考虑寻找战略合作伙伴的方式，有条件的企业还可以结合行业自身特点研发具有自主知识产权的BIM软件产品。

2）IT基础架构

企业的IT基础架构主要包括桌面计算机、服务器、网络资源、数据存储系统等硬件环境资源，是企业级BIM实施中资源投入比重最大、技术集成性很强的部分。

BIM技术应用是基于该技术的诸多BIM应用软件，如Autodesk公司的Revit系列软件、Dassault Systems公司的CATIA系列软件等，这些软件都是基于三维的工作方式，对硬件的计算能力和图形处理能力提出了很高的要求，需要高性能的计算机。因此，对于一个项目团队，可以根据每个成员的工作内容配置不同硬件，形成阶梯配置。比如，单专业的建模可以考虑较低的配置，对于多专业模型的整合就需要较高配置，若采用网络协同工作方式，还需要投入中央数据存储、服务器、网络资源等配套的硬件设施。

企业需要充分考虑数据存储容量要求、并发用户数量要求、实际业务中人员的使用频率、数据吞吐能力、系统安全性、运行稳定性等因素，对现有的硬件资源进行整合，制定出有针对性的IT基础架构规划方案，邀请系统集成公司根据企业的需求提出具体的设备类型、参数指标及实施方案。

对于硬件资源较庞大的大中型企业,可尝试搭建基于虚拟化技术的IT基础架构平台,用于支持BIM软件的运行。其总体思想是通过虚拟化产品在各种硬件上的部署,使应用程序能够在虚拟的计算机元件基础上运行,脱离对硬件的直接依赖,从而实现硬件资源的重新分配与整合,以便更好、更高效地利用这些资源,最终达到简化管理、优化资源的目标。目前,虚拟化已经从单纯的虚拟服务器成长为虚拟桌面、网络、存储等多种虚拟技术,可以为企业建立良好的BIM应用环境。

云计算技术是IT技术发展的前沿和方向,也是企业未来最重要的IT基础架构,一般可分为私有云、公有云、混合云等模式。私有云技术IT基础架构的主要特点是,企业需自行搭建云服务架构,并通过企业局域网提供相关的计算资源及服务。基于私有云技术的IT基础架构目前还处于初步应用阶段,特别是对于BIM技术的应用支持更处于探索阶段。但是随着云计算应用的快速普及,在不久的将来云架构必将实现对BIM应用的良好支持,成为企业未来在BIM实施中优先选择的IT基础架构。

2.3.2　BIM人力资源建设

BIM人力资源是指企业中与BIM组织、实施直接相关的技术和管理人员,以及相应的组织机构,如BIM专业工程师、BIM项目经理、BIM数据管理员及独立和非独立的BIM相关机构和部门等。

企业在BIM实施中对人力资源的调整要依照BIM实施的类型和阶段循序渐进地进行,同时应与传统的方式做好衔接和融合,不可一蹴而就。

1)BIM应用模式

BIM应用模式总体上可以归纳为以下三种,企业可以根据自身情况选择适合的模式结构。

（1）企业BIM服务外包

小型企业一般缺少BIM专业人才,尚不具备BIM的组织实施能力,或者没有整体实施BIM的计划和安排,建议可以采用BIM服务外包的工作模式,一般可分为以下两种。

①BIM项目工作外包

以设计项目为单位,订立商业合同将相关的BIM工作整体外包给BIM服务公司。当企业有BIM需求时,将BIM模型制作及后续的深入应用全部或部分外包给专业BIM咨询服务公司完成,并支付服务费用。

②BIM人力资源外包

相关的BIM工作岗位长期外包给BIM服务公司,如BIM建模人员、BIM出图人员等,并由企业支付相关的劳务报酬。

(2)组建专业团队模式

中型企业在BIM实施的初期,可以通过分层次、分专业组建BIM团队的方式来推动BIM应用的实施。分层次就是企业根据自身BIM应用水平,考虑组建BIM应用、BIM研究、BIM软件开发团队;分专业就是要结合企业业务,组建桥梁、隧道、路基、地质、测绘、房建、四电集成等不同专业构成的BIM团队。在BIM团队建设过程中,为确保BIM团队发挥应有的作用,企业应明确BIM能力建设目标,合理制定BIM团队的任务和不同阶段发展规划。

通过BIM专业支持团队的项目支持,逐步积累BIM应用经验,增进各业务部门的设计人员对BIM的认识,为企业全专业的BIM推广应用奠定基础。

(3)整体推动模式

大型企业如果能保障充分的资源投入,可以考虑采取整体推动企业BIM应用的模式,在一定时限内实现企业内部全专业、全流程、全人员的BIM应用,即全体人员掌握并使用BIM工具从事业务活动。这种模式要求企业以BIM技术为核心制定全专业的业务流程,依此建立与之配套的BIM资源和相应的标准规范,使之在较短时间内成为企业新的核心竞争力,在此基础上建立企业新的BIM人力资源组织结构。

由于整体推动模式的实施风险较大,企业应由简单到复杂,逐步开展不同类型的项目实践,总结出适合企业自身的BIM应用方法,建立好其他的相关机制。对于特别复杂的项目,可以考虑BIM服务外包的方式,委托BIM咨询服务公司配合完成部分或全部BIM相关工作。

整体推动模式是真正基于业务部门的实际业务过程展开,更有利于企业级BIM应用经验的积累和BIM相关制度的建立,所形成的人力资源组织结构也更接近未来企业级BIM的合理结构。

2)BIM组织机构

随着BIM技术在各企业中的推广应用,必将引起传统的人力资源组织结构等方面的深刻变化,因此需要在原有的人力资源组织结构的基础上,重新规划和调整适合BIM实施的人力资源组织结构,这是实现企业BIM实施战略目标的重要保证。

企业的信息管理部门将以BIM实施为工作重心,可增设主控综合部门、BIM技术组和BIM资源管理组,负责BIM技术的应用研究、技术支持并提供BIM服务。图2-3-1为企业整体实施BIM后的人力资源组织结构图,可供参考。

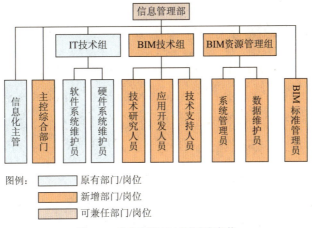

图2-3-1　企业实施BIM后的组织机构

3）BIM岗位设置

企业在引入BIM应用后,需要增设BIM相关的岗位,以适应新的变化。新增BIM岗位主要可分为6类,如表2-3-1所示。

新增BIM岗位分类　　　　　　　　　　　　　　　　表2-3-1

序号	岗位名称	BIM工作职责
1	BIM项目总经理	负责BIM项目的开发、实施和运营维护,参与企业BIM项目决策,制定BIM工作计划。负责建立和管理BIM团队,确定人员的职责权限和考核奖惩制度,确定项目中各类BIM标识及规范,如大项目切分原则、构件使用规范、建模原则、专业内协同设计模式、专业间协同设计模式等
2	BIM项目职能经理	负责BIM项目的监控和管理(包括计划投资、进度、质量控制、人事安排、财务管理、保密工作等),负责各工种各专业的综合协调工作和BIM交付成果的质量管理(包括阶段性检查及交付检查等),以及对外数据接收或交付,配合建设单位及其他相关合作方检验,完成交付工作
3	BIM专业技术主管	负责对各部门、各项目的构件资源数据以及项目交付数据(如模型、图纸、文档等)进行收集、整理、维护和标准化审核,保证构件资源的一致性、时效性和可用性
4	BIM专业技术人员	负责本工种或本专业的BIM模型创建、维护工作,工作职责包括收集、整理本工种或本专业各项目的构件资源数据及项目交付数据(如模型、图纸、文档等),对构件资源数据进行结构化整理并导入构件库,保证数据的良好检索能力,保证构件资源的一致性、时效性和可用性
5	BIM信息技术人员	①BIM技术研究人员:负责收集并了解BIM相关软、硬件前沿技术,完成应用价值及优劣势分析,提供可行的BIM技术方案,进行技术测试与评估,组织并协助业务部门进行应用测试; ②BIM应用开发人员:负责针对企业实际业务需求的定制开发工作,帮助提升BIM软件应用深度和广度; ③BIM技术支持人员:负责BIM应用流程、规章制度和软件使用等培训,解决BIM软件在使用过程中遇到的问题及故障; ④BIM系统管理员:负责BIM应用系统、数据协同及存储系统、构件库管理系统的日常维护、备份工作,以及负责各系统权限的设置维护及涉密数据的保密工作; ⑤BIM数据维护员:负责各项目环境资源的准备、维护及涉密数据的保密工作
6	BIM标准管理员	负责收集贯彻国际、国家及行业的相关标准,编制企业BIM应用标准化工作计划及长远规划,组织制定BIM应用标准与规范,宣传及检查BIM应用标准与规范的执行,并根据实际应用情况组织BIM应用标准与规范的修订

2.3.3　BIM模型资源建设

BIM模型资源是指企业在BIM实施过程中积累并经过标准化处理，形成可重复利用的模型和构件的总称，一般存储于企业BIM信息化系统中。BIM模型资源一般以库的形式体现，如BIM模型库、BIM构件库、BIM知识库等。这些BIM构件和模型经过加工处理并进行合理管理和有效利用，可形成能重复利用的资源，从而大幅度提高BIM的设计效率和设计质量，降低BIM实施的成本。

1）整体规划

企业在BIM实施之初，就应做好BIM模型资源的规划。企业内部由于各自涉及的业务领域不同，对模型资源的需求也不相同，因此需要根据自身的业务特点，理清构件资源需求，预测本企业对模型资源在数量和质量两方面的需求，通过统计分析现有模型资源，确定本企业需补充建设的模型资源，制定满足本企业需求的模型资源建设办法与措施。

2）信息分类与编码

信息分类与编码是模型资源入库和检索的基础，也是模型资源建设的重要内容。为了使用方便，并易于扩充和维护，必须对模型资源库中包含的所有信息资源进行分类，并依据分类目录建立存储结构。同时在信息分类的基础上，将信息对象进行编码，使之具有一定的规律性、易于计算机和人识别与处理的符号。

信息分类可结合企业已有的基础分类方法，综合考虑BIM实施特点，依据行业习惯按专业划分大类，再按功能、材料、特征进一步细分，按照不同等级划分出子类别。信息编码应尽量简短明确，与分类系统相适应，尽可能反映编码对象的特点，适用于不同的BIM应用领域，支持系统集成。

3）制作、审核与入库

企业需要规范BIM模型设计信息完整性和准确性的检查标准，制定命名标准，并且制定BIM模型入库及更新的审核方法，严格控制BIM模型创建及更新的权限，建立模型入库的激励制度。每个模型或构件包含的信息并非越多越好，制作过程满足设计深度需求即可，信息过多则可能导致最终三维模型信息量过大，占用大量设备资源，难以操控。依据企业命名标准命名后的构件文件，应交给指定的审核人进行审核，通常审核人应具有丰富的模型和构件制作经验，对企业模型资源的规划、企业模型库、构件库的存储结构非常熟悉。审核人需要将模型和构件加载到实际项目环境中进行测试，重点测试构件的三维与平立剖面显示、参数设置等。只有通过审核的模型和构件，才能存储到企业模型资源库中。

4）管理方式

BIM模型资源的管理包括权限分配和维护两部分，通常应按照不同部门、不同专业对构件的使用需求，设置不同的访问权限。管理员须定期升级库中构件文件的版本，删除不再适用的废弃构件文件。典型的BIM模型资源库管理方式有两种：

（1）基于操作系统提供的文档存储方式配合其自身的权限体系进行管理，这种方式投资少、实施简单、操作简捷，但不便于检索、管理及数据维护。

（2）采用专业的数据管理系统，例如专业知识库管理系统，这种方式更有利于数据的检索，能够达到资源较高的利用率，具有良好的管理能力及维护能力，支持对人员、角色、权限的控制要求，但需要一定的投资，管理人员需要一个适应的过程。

2.4 制定BIM成果交付标准

铁路工程建设行业现阶段主要采用二维工程图的交付形式，二维图纸的交付成果有成熟、系统的规范、指南、手册等文件进行指导，但目前三维模型和信息的交付成果还没有具体条文规定和约束。现阶段的BIM交付成果应以二维工程图及相关文件为主体，三维模型和附属信息交付为辅助手段。三维模型是承载工程信息的基础，二维图纸是三维实体的二维表达，附属信息是三维模型拓展应用的桥梁，BIM交付成果应系统、协调地包含这几方面的内容。

若BIM交付成果片面追求三维可视化仿真效果，会使BIM技术应用局限于效果展示。现阶段过度追求生成所有的二维图纸，不仅会给设计人员带来大量的工作负担，也会导致BIM技术的应用陷入困境。

2.4.1 交付内容

目前，由于BIM技术应用处于起步阶段，部分企业对BIM交付成果的理解尚停留在三维可视化效果方面，片面追求BIM可视化及模拟仿真效果，使BIM技术的应用局限于效果展示上，这忽略了BIM技术能够为优化铁路设计、提高设计质量所带来的价值，偏离了BIM应用的正确方向。因此BIM交付成果的内容，应将重点放在BIM技术的优势方面，不仅包含三维模型，还应包括二维图纸和附属信息等内容。

1）二维图纸

随着设计阶段的变化，交付的二维图纸内容也有所不同，但各个阶段所提交的二维图纸必须达到国家或者行业的现行规范、标准和经验的要求。

方案设计阶段和初步设计阶段交付的二维图纸由 BIM 模型直接生成，包括了总平面图、剖面图、立面图等。施工图设计阶段的二维图纸是在经过碰撞检查和设计修改，消除了相应的错误后，根据需要通过 BIM 模型生成所需的详细二维图纸，如平纵断面图、综合管线图等，本阶段生成的图纸可导出到二维环境中进行再处理。

2）三维模型

三维模型作为 BIM 交付成果的核心内容，也需要满足行业或者企业的相关设计规范，如模型的编码规则、命名规则等。三维模型随着设计阶段的不同，其所交付的内容也应有所不同。

在规划设计阶段，应提供经分析及方案优化后的 BIM 方案设计模型，也可同时提供用于多方案比选的 BIM 方案设计模型。在初步设计和施工图设计阶段，应提供综合协调模型，重点用于专业间的综合协调及检查是否存在因为设计错误造成无法施工等情况。各个阶段提交模型文件需经量化处理，对计算机配置要求较低，可用于模型审查、批注、浏览漫游、测量、打印等，但不能修改。同时，交付的三维模型不仅可以满足项目设计校对审核过程和项目协调的需要，同时还应保证原始设计模型的安全。三维模型一般只需安装对应的 BIM 模型浏览器即可，并可在平板电脑、手机等移动设备上快速浏览，实现高效、实时协同。

3）附属信息

三维模型是承载信息的基础，附加的信息是模型各类功能延伸的前提，各阶段应根据工程建设情况提交给下阶段与三维模型相关联的附属信息，附属信息应包含本阶段的所有几何信息和非几何属性。附属信息可依附存储于三维模型中，也可借助一定的技术手段关联存储于模型之外的数据文件中，如 SQL Server、Excel、XML 等，从而达到全生命周期信息无损传递的目的。

2.4.2 交付深度

定义交付深度是为了使工程建设项目的各参与方在描述 BIM 模型应当包含的内容及模型的详细程度时，能够使用共同的语言和相同的等级划分规范。交付深度主要用于确定 BIM 模型的阶段成果，表达用户需求及在合同中规定客户的具体交付要求，有助于各单位、各专业、各工种的有效配合，更好地控制建设周期和有效地组织管理。

1）原则
（1）全过程

交付深度的划分应涵盖铁路建设全过程，一般包括规划、设计、施工及运营维护四大阶段,其中设计阶段一般又分为预可研设计(概念设计)、可研设计(方案设计)、初步设计和施工图设计。

(2)独立

交付深度的划分主要依据工程建设表达需要,与各建设阶段并不是一一对应关系,同一阶段不同应用点的深度也不一定相同。

(3)适度

包括三个方面内容:模型造型精度、模型信息含量、合理的构件范围。同时,在满足BIM应用需求的基础上应尽量简化模型,即满足各阶段表达要求即可,建模不足或建模过度均不可取。

2)各阶段交付深度

各阶段交付深度见表2-4-1。

各阶段交付深度　　　　　　　　表2-4-1

深　度	阶　段			
	规　划	设　计	施　工	运营维护
Ⅰ	√	√	√	√
Ⅱ	√	√	√	√
Ⅲ			√	
Ⅳ				√

各等级交付深度要求如下。

(1)深度等级Ⅰ

模型仅需表现对应建(构)筑物实体的基本形状及总体尺寸,无须表现细节特征及内部组成。信息包括面积、高度、体积等基本信息,也可加入必要的语义信息。图纸仅需基本BIM模型。该深度主要用于规划、预可行性研究或可行性研究阶段。

(2)深度等级Ⅱ

模型应表现对应的建(构)筑物实体的主要几何特征及关键尺寸,无须表现细节特征、内部构件组成等。信息包括构件的主要尺寸、安装尺寸、类型、规格及其他关键参数和属性等。图纸包括传统二维设计图及附带BIM设计模型。该深度主要用于初步设计或施工图设计阶段。

(3)深度等级Ⅲ

模型应表现对应的建(构)筑物实体的详细几何特征及精确尺寸,应表现必要的细部特征及内部组成,应包括施工期构建及必要细部特征。信息应涵盖施工阶段涉及的各类详细信息,包括施工材料、进度、方案、工艺、成本等。图纸包括必要的二维图及附带施工信息的

BIM 模型。该深度主要用于施工阶段。

（4）深度等级Ⅳ

模型应表现对应的建（构）筑物实体的详细几何特征及精确尺寸,应表现必要的细部特征及内部组成,应包括运营维护期构建及必要细部特征。信息应涵盖运营维护阶段涉及的各类详细信息,包括运营维护管理、应急救援、监测、调度等。图纸包括必要的二维图及附带运营维护信息的BIM模型。该深度主要用于运营维护阶段。

2.4.3 数据格式

由于BIM模型交付的目的、对象、后续用途不同,不同类型的设计模型应规定其适合的数据格式,并在保证数据的完整、一致、关联、通用、可重用、轻量化等方面寻求合理的方式。

1）应能满足各阶段BIM技术应用的需要

BIM模型的交付目的,主要是作为完整的数据资源,供建设工程全生命期的不同阶段使用。为保证数据的完整性,应保持原有的数据格式,应避免数据转换造成的数据损失。

2）能直接或结合相关开发无损传递模型附带的信息

项目设计中应该采用本企业认可的BIM模型格式,基于的原则是：

（1）在生命周期中某一阶段内（如设计阶段）,如频繁数据交换,应尽量采用同一软件厂商的专有数据存储格式,可降低错误率。

（2）在不同阶段间的应用,如需长期保持的数据,应尽量采用标准格式（如IFC和gbXML格式）,同时应保留原格式的数据。

（3）在进行BIM模型传递时也可采用几何与信息分离、分别进行传递的过渡方式。

2.5 建立企业级BIM应用规范

当前,中国中铁BIM应用处在迅速上升的阶段,但是大部分企业的BIM应用仅停留在项目的应用层面,BIM应用要真正实现为企业创造价值,一定要进入企业级标准规范落地实施的层面。

企业BIM标准规范的编制,可参考国外发达国家已发布的BIM相关文件,结合中国铁路行业现有的标准规范,以项目级应用为基础,设计和施工企业可先从隧道、桥梁、地质、测绘等核心的站前专业领域开始,再逐渐扩展辐射到其他站后相关的专业领域。企业级BIM

标准规范的主要内容包含以下三个方面。

1）基于BIM的实施资源标准

在企业BIM实施过程中，为了实现资源的共享、重复使用和规模化生产，需要制定相应的BIM实施资源相关的标准和规范，定义和规范企业实施的IT基础条件、与BIM相关的人员组织机构、以BIM模型为核心的资源管理方法等内容。

实施资源相关的标准和规范中最重要的两点，一是要建立基于BIM的信息分类编码标准和管理规范，用以规范模型和构件资源库的建立和管理过程；二是要建立数据交换与存储标准，解决不同BIM软件之间的数据交换与集中存储的问题。这些标准规范必须由本企业自身组织制定，而其他与实施资源相关的标准规范的建立，如硬件、网络环境、文件命名规则、信息化配套系统等，也可以委托给外部的专业BIM服务咨询机构进行制定和实施。

2）基于BIM的实施行为标准

制定企业级BIM实施行为相关的标准规范，目的是重新定义和规范企业新的业务流程、业务活动及协同方式，通过重新梳理和定义，保证BIM实施过程的运转顺畅，从而提高BIM工作效率，保证实施水平和质量，降低实施成本。

实施行为相关的标准和规范中，最重要的是制定企业的BIM建模标准和协同工作规范。建模是BIM实施的基础，并为最终的交付服务，不同节点的交付成果在BIM模式下包含哪些内容需要首先定义清楚，这也是制定建模标准的基础。协同工作规范的建立过程就是企业制定协同工作规定和形成习惯的过程，包含企业内部协同（专业内、专业外）和外部协同两部分。

3）BIM交付标准

随着BIM技术的应用，企业在改变业务流程、组织结构的同时，也带来了交付成果的变化。企业制定BIM交付标准，对交付和提交应有所区别和侧重。对于企业外部交付相关的内容、深度、格式等规范，应依据政府主管部门的报批要求，以建设单位的合同要求为基本原则。对于企业内部提交相关的内容、深度、格式等规范，以保证企业内部工作协同和信息传递的准确、高效、顺畅为基本原则，并以此建立交付标准。

企业可以参考国内外同行的业务实践，初步建立企业自身的BIM交付制度，并通过业务实践不断总结经验，逐步改进完善，最终形成BIM交付标准和规范，使其成为企业级BIM实施战略的有机组成部分。

第3章
设计企业 BIM 应用指南

将BIM技术应用于铁路工程建设行业中，必然会带来业务流程再造、业务活动重整、协同方式改变等一系列变化。

为了保证铁路行业全生命周期BIM技术应用的运转顺畅，提高各阶段的工作效率、保证成果水平和质量、降低成本。首先，应对传统的业务活动进行重整，以适应BIM技术应用的业务活动，加入BIM技术应用特定的业务活动内容（如规划、建模、分析、审核、归档等）。

其次，应在传统流程的基础上加入BIM技术应用的业务流程，即BIM技术应用过程中一系列结构化、可度量的活动集合及其关系（如设计阶段业务流程应加入创建模型、模型审核、二维视图生成、方案提交等相互关联的多个活动及步骤）。最后，利用BIM技术改变传统的协同方式，以提高各阶段的管理协调能力，降低阶段间信息传递的损失率，保证项目全生命周期中信息的唯一性、准确性和有效性。

3.1 设计企业BIM应用目标

设计企业BIM应用目标可概括为：在选取有效的三维设计、协同平台的基础上，将BIM技术切实应用至设计阶段，辅助准确把握项目需求，合理确定项目技术标准、建设规模、线路走向和投资估算，综合论证项目建设的必要性、可能性和可行性，协助编制施工组织设计，为项目立项和决策提供直观可靠的依据，在目前传统设计的基础上实现更有效的设计协同管理，取得更优的设计成果，达到二维、三维联动模拟的目的，达到规范设计流程、提高各阶段信息传递效率的目的。其具体目标为：

1)线路方案三维可视化

应用BIM技术将专业、抽象的项目方案进行通俗化、三维可视化,使各专业设计人员、业主、项目审查人员和其他参与者更易理解设计意图,更易激发创新思维,提出改进方案,最大程度满足项目需求,为项目立项和决策提供直观的依据。

2)设计过程协同化

应用BIM技术将各专业间独立分散的设计成果,置于统一的三维协同设计环境中,综合分析比选线路技术方案,直观检查差、错、漏、碰,避免因误解或沟通不及时造成的设计错误,提高规划设计质量和效率。

3)联动模拟可视化

利用BIM技术可实现三维模型与数值分析软件的联动,实现以下4个方面的功能。

(1)模型与数值分析软件之间的二维计算联动。

(2)模型与数值分析软件之间的三维计算联动。

(3)模型与三维渲染软件之间数据联动。

(4)模型与性能分析软件之间的数据联动。

4)设计流程规范化

建立设计阶段的BIM实施标准,规范BIM实施内容和过程,使得BIM技术在设计流程中做到有据可依,减少现阶段的盲目应用和各种非标准化BIM实施所造成的大量财力、物力、人力和时间等社会资源的浪费及损耗,降低实施信息化的成本和风险。通过BIM技术的规范化操作、协作化运行和信息资产有效利用,最终实现在BIM模式下的规模化、规范化设计,从根本上提高设计效率。

5)设计成果可优化

应用BIM技术对设计成果进行三维可视化集成,能直观查询设计参数、工程数量和投资估算,分析方案合理性,能对设计方案进行修改,保证方案可行、最优。以隧道专业为例,利用BIM技术可实现设计阶段的整体三维模型的碰撞检验、附属洞室和防排水设计的优化、斜切式洞门钢筋的精确计算以及洞门里程的可视化定位。

3.2 设计企业BIM应用流程

铁路设计主要分为规划和设计两个阶段。

在规划阶段应用BIM技术后,需要基于BIM技术对现有的规划设计流程进行改造,以更加符合当前的设计和生产方式。项目决策阶段的BIM应用业务流程应结合铁路基本建设程序进行,如图3-2-1所示。在规划报告编制阶段,主要解决的问题是路网和通道规划,为节省勘测设计单位成本,相关的BIM设计平台须能够快速在小比例尺地形图上集成地形地貌数据

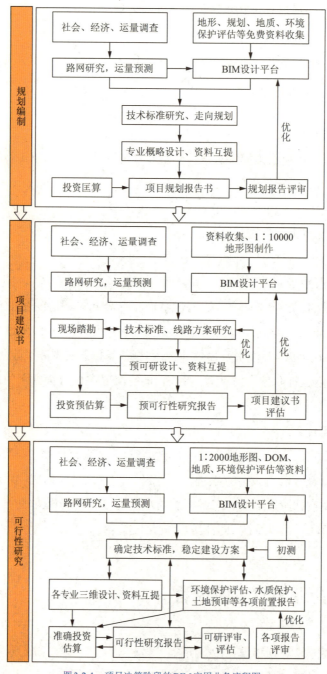

图3-2-1　项目决策阶段的BIM应用业务流程图

进行规划选线。在项目建议书阶段，主要论证项目建设的必要性和可能性，即合理预测客货运量，系统研究项目在路网中的作用，利用BIM设计平台集成多种比例尺地形图进行线路方案研究，提出合理的线路走向方案和建设规模，初步提出主要技术标准，提出投资预估，进行初步经济评价等。在可行性研究阶段，根据国家批准的项目建议书，进行社会、经济和运量调查，综合考虑运输能力和运输质量，从技术、经济、环境保护、节能、土地利用等方面全面评测，同时将这些数据输入BIM设计平台，并集成初测资料等大比例尺地形图和DOM进行技术标准、建设方案研究，为项目决策提供充分依据。

设计阶段BIM实施需要在传统设计流程的基础上进行BIM设计流程再造，建立BIM的协作化运行模式，使设计过程运转流畅，从而提高设计工作效率和水平，保障设计产品质量。设计阶段BIM应用流程主要包括三维建模、性能分析、工程算量、二维出图、信息附加和成果交付等步骤，详细如图3-2-2所示。

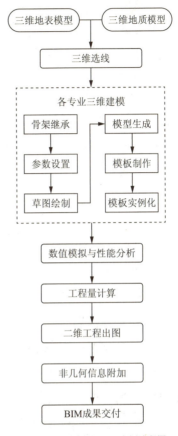

图3-2-2 设计阶段BIM应用流程图

3.3 设计企业主要BIM应用点

目前，国内铁路设计企业在借鉴建筑等行业BIM应用的基础上，结合铁路设计的实际需求，对铁路设计阶段的BIM应用点进行了总结，主要应用点包括：

1）多专业数据集成共享服务技术

在走向规划、线路方案研究的过程中，需要集成相关的测绘、地质、环境保护评估等多专业、多格式数据，因此应提供相应数据的接口，如AutoCAD、ASC、DXF、SHP、WFS等，便于设计人员上传和更新，同时这些数据能够通过网络共享的方式发布到客户端，为线路协同设计提供一个共享集成的三维环境。

2）人文社会数据辅助选线

在线路规划的各个阶段，也需考虑社会、经济、运量、既有路网等各方面的因素。在应用BIM技术时，可将上述因素进行数值化，并设置相应的权值，并结合多专业数据进行三维选线,使线路设计成果更加科学,减少评审和优化的过程。

3)基于BIM平台的线路三维选线

在上述多源数据集成共享和辅助选线的基础上,集成三维选线工具进行技术标准和线路方案研究,动态的集成各人员设计成果到三维场景中,达到实时动态互检的目的。

4)线路规划方案比选技术

在BIM设计平台中,可同时展现多套线路方案,实现可视化、可量化的比选,并根据比选的结果,实时动态调整线路方案。

5)三维地表建模

三维地表模型的数据来源应与勘察设计环节紧密结合,并应提供各类接口,如AutoCAD、DEM、DOM、ASCLL等,使三维地表建模数据源具有普遍性、通用性和可拓性。建立的三维地表模型应能满足后期BIM应用的需要,如地形交线的求取、区域地形面的切割、填挖方的计算等,以较好地配合后期BIM设计应用。

6)三维地质建模

三维地质模型的数据来源应与勘察设计环节紧密结合,并应提供各类接口,如AutoCAD、ASCLL、TXT等,数据格式宜与地质勘察成果符合,减少数据中转处理的环节,尽可能直接读取地质断面数据、钻探数据。

建立的三维地质模型应能满足后期BIM应用的需要,如地质开挖面的求取、地质开挖体的切割、填挖方的计算、地质纵横断面的剖切等,以较好地配合后期BIM设计应用。

7)三维线路模型

三维线路模型的建模参数现阶段应与传统设计一致,如曲线要素、关键点桩号等,数据来源应与勘察设计环节紧密结合,并应提供各类接口,如AutoCAD、ASCLL、TXT等。

建立的三维线路模型应能体现骨架设计的理念,可为后期各专业开展BIM三维设计提供坚实的骨架基础,模型精度应满足现行规范、标准的要求,保证后期三维BIM设计的精细度。

8)专业模型建立

专业模型的建立宜在线路骨架的基础上进行,以保证建立模型的绝对位置和相对位置。建立原则应满足现行相关规范、标准的要求,其建模过程、参数设置、模型签署审核应满足传统设计的要求,建模数据来源应与传统设计一致,便于设计人员开展模型建立工作。建立的专业模型应具备较好的参数驱动特性,便于后期快速、准确地进行设计变更,同时为后期模型加工奠定基础。

9）数值模拟与性能分析

建立的BIM模型应具备较好的兼容性和扩展性，以便于设计阶段开展二维数值模拟、三维数值模拟以及结构各种性能分析的工作，最大限度地发挥BIM模型的功能。

10）工程量计算

工程量计算宜包含传统二维计算方法和三维遍历计算方法。对于模型难以完全生成的线性结构，且传统二维计算方法精度完全满足要求的情况，可以采用传统计算方法和参数联动的方法统计工程量。对于模型结构复杂、体量较小、传统方法难以精确计算的情况，可以采用生成完成模型利用程序进行三维遍历的方法统计工程量。实际工程量计算时建议根据实际情况综合利用以上两种方法。

11）二维出图

现阶段利用三维模型及相关参数生成相应的二维工程图是BIM三维设计必不可少的一个环节，生成的二维工程图应满足以下方面的要求。

（1）符合现行相关规范、标准的要求。
（2）符合行业习惯、规则的要求。
（3）具备与三维模型、建模参数的关联性。
（4）具备后期变更快速修改的特性。
（5）二维工程图应该能保存成主流DWG、VSD、PDF等主流图纸格式。

要生成满足以上方面要求的工程图，需要结合选取的软件平台制定一系列与铁路行业各专业相关的标准、字体、图框等，并进行一定的软件二次开发，实现二维工程图快速、准确地生成。

12）信息附加

BIM技术应用的核心思想就是以模型为载体集成海量的信息，因此，信息附加工作是整个设计阶段中最为重要的一个环节，关系到后续阶段信息流转效率的高低。应结合选取的软件平台，在充分利用软件自身功能的前提下，结合二次开发实现信息附加功能，附加的信息应包含与专业模型相关的几何信息和非几何属性信息，应满足全面性、系统性、科学性、可拓性、有效性等要求，为后期模型功能拓展提供数据保障。

3.4 设计企业BIM软件方案

目前，中国中铁设计企业BIM应用尚未建立完整体系的解决方案，表3-4-1、表3-4-2为目前国内外建筑行业常用设计企业BIM软件,供各单位参考。

常用BIM建模、可视化和应用软件　　　　　　　　　　　表3-4-1

软件工具			设计阶段		
公司	软件	专业功能	方案设计	初步设计	施工图设计
Trimble	SketchUp	造型	●	●	
Autodesk	Revit	建筑 结构 机电	●	●	
	Showcase	可视化	●	●	●
	Navisworks	协调 管理	●	●	
	Civil3D	地形 场地 路基		●	●
Graphisoft	ArchiCAD	建筑	●	●	●
Progman Oy	MagiCAD	机电		●	●
Bentley	AECOsim Building Designer	建筑 结构 机电	●	●	●
	ProSteel	钢结构			●
	Navigator	协调 管理		●	●
Trimble	Tekla Structure	钢结构		●	●
Dassault System	CATIA	建筑 结构 设计	●	●	○
建研科技	PKPM	结构	●	●	●
盈建科	YJK	结构	●	●	●
鸿业	HYMEP for Revit	机电		●	●

注:表中"●"为主要或直接应用,"○"为次要应用或需要定制、二次开发的应用。

常用的计算和分析软件　　　　　　　　　　　表3-4-2

软件工具			设计阶段		
公司	软件	专业功能	方案设计	初步设计	施工图设计
Autodesk	Ecotect Analysis	性能	●	●	
	Robot Structural Analysis	结构	●	●	●
CSI	ETABS	结构	●	●	●
	SAP2000	结构			

续上表

软件工具			设计阶段		
公司	软件	专业功能	方案设计	初步设计	施工图设计
MIDAS IT	MIDAS	结构	●	●	●
Bentley	AECOsim Energy simulator	能耗	●	●	●
	Hevacomp	水力 风力 光学	●	●	●
	STAAD.Pro	结构	●	●	●
Dassault Systems	ABAQUS	结构 风力	●	●	●
ANSYS	Fluent	风力	●	●	●
Mentor Graphics	FloVENT	风力	●	●	●
Brüel & Kjær	Odeon	声学	●	●	●
AFMG	EASE	声学	●	●	●
LBNL	Radiance	光学	●	●	●
IES	ApacheLoads	冷热负载	●	●	●
	ApacheHAVC	暖通	●	●	●
	ApacheSim	能耗	●	●	●
	SunCast	日照	●	●	●
	RadianceIES	照明	●	●	●
	MacroFlo	通风	●	●	●
建研科技	PKPM	结构	●	●	●
盈建科	YJK	结构	●	●	●
鸿业	HYMEP for Revit	机电	●	●	●
Bentley	AECOsim Building Designer	建筑 结构 机电	●	●	●
	ProSteel	钢结构			●
	Navigator	协调 管理	●	●	●
	ConstructSim	建造	●	●	

注：表中"●"为主要或直接应用，"○"为次要应用或需要定制、二次开发的应用。

第4章
施工企业BIM应用指南

4.1 施工企业BIM应用目标

施工阶段BIM实施目标主要是利用BIM技术加强施工管理,通过建立BIM施工模型,将建(构)筑物及其施工现场 3D 模型与施工进度链接,并与施工资源、安全质量、场地布置、成本变化等信息集成一体,实现基于 BIM 的施工进度、人力、材料、设备、成本、安全、质量、场地布置等的动态集成管理及施工过程可视化模拟。施工阶段BIM应用点主要包括:施工进度模拟、施工组织模拟、数字化建造/施工、施工现场配合、物料跟踪、成本控制、施工过程监测/检测、山岭隧道施工过程中的超前地质信息预报等,施工单位根据实际工程需要选择单项或多项综合应用,改善传统施工工艺,以提高施工质量和效率,保障施工安全,节约工程成本。施工阶段BIM应用需交付附带相关施工信息的竣工模型。

4.2 施工企业BIM应用流程

施工阶段应用流程是指对建设工程项目施工过程中一系列结构化、可度量的活动集合及其关系。施工阶段BIM实施需在传统施工流程基础上进行BIM施工流程再造,建立基于BIM的协作化实施模式,使施工过程运转流畅,从而提高施工效率和水平,保障工程质量。施工阶段BIM实施流程主要包括组织策划、施工模型创建及变更深化、施工过程模拟优化、碰撞检测及冲突分析、现场施工应用、施工管理、控制决策及业务管理、信息附加、成果交付、总结等步骤,详细如图4-2-1所示。

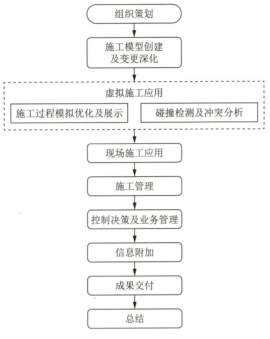

图4-2-1 施工阶段BIM应用流程图

4.3 施工企业BIM主要应用点

在工程项目施工阶段,施工企业肩负着保障工程质量、工期、成本、安全文明施工等全方位的施工管理责任,面对错综复杂、千头万绪的工作,如何做好施工过程管理,成为施工企业必须面对的问题。

BIM技术是工程项目在设计、分析、建造和运营维护过程中的数字化表达。通过在空间几何模型基础上叠加时间、数量和成本、建造与管理等信息,实现从3D到4D、5D等的多维表达,以BIM技术为驱动的项目全生命期高效管理和潜在效益正在不断被认识。BIM技术具有可视化、参数化、标准化的特点,具有信息共享、协同工作的核心价值,在施工总承包管理中,应用BIM技术可以提高管理效率和工作质量。下面将对施工企业BIM应用点进行简单阐述,各施工企业可根据实际情况借鉴执行。

4.3.1 图纸会审

图纸会审是施工准备阶段技术管理主要内容之一,认真做好图纸会审,检查图纸是否符合相关条文规定,是否满足施工要求,施工工艺与设计要求是否矛盾,以及各专业之间是否冲突,对于减少施工图中的差错、完善设计、提高工程质量和保证施工顺利进行都有重要意义。图纸会审在一定程度上影响着工程的进度、质量、成本等,做好图纸会审这项工作,图纸中的一些问题就能及时解决,可以提高施工质量,缩短施工工期,进而节约施工成本。应用BIM 的三维可视化辅助图纸会审,具有形象直观的优点。

1)基于 BIM 的图纸会审实施要点

传统的图纸会审主要是通过各专业人员通过熟悉图纸,发现图纸中的问题,建设单位汇总相关图纸问题,并召集监理、设计单位以及项目经理部项目经理、生产经理、商务经理、技术员、施工员、预算员、质检员等相关人员一起对图纸进行审查,针对图纸中出现的问题进行商讨修改,最后形成会审纪要。

基于 BIM 的图纸会审与传统的图纸会审相比,应注意以下几个方面。

(1)在发现图纸问题阶段,各专业人员进行相应的熟悉图纸,在熟悉图纸的过程中,发现部分图纸问题,在熟悉图纸之后,相关专业人员开始依据施工图纸创建施工图设计模型,在创建模型的过程中,发现图纸中隐藏的问题,并将问题进行汇总,在完成模型创建之后通过软件的碰撞检查功能,进行专业内以及各专业间的碰撞检查,发现图纸中的设计问题,这项工作与深化设计工作可以合并进行。

(2)在多方会审过程中,将三维模型作为多方会审的沟通媒介,在多方会审前将图纸中出现的问题在三维模型中进行标记,会审时,对问题进行逐个的评审并提出修改意见,可以大大地提高沟通效率。

(3)在进行会审交底过程中,通过三维模型就会审的相关结果进行交底,向各参与方展示图纸中某些问题的修改结果。

2)基于 BIM 的图纸会审的优势和不足

(1)优势

基于 BIM 的图纸会审有着明显的优势。首先,基于 BIM 的图纸会审会发现传统二维图纸会审所难以发现的许多问题,传统的图纸会审都是在二维图纸中进行图纸审查,难以发现空间上的问题,基于 BIM 的图纸会审是在三维模型中进行的,各工程构件之间的空间关系一目了然,通过软件的碰撞检查功能进行检查,可以很直观地发现图纸不合理的地方。其次,基于 BIM 的图纸会审通过在三维模型中进行漫游审查,以第三人的视角对模型内部进行查看,发现净空设置等问题以及设备、管道、管配件的安装、操作、维修所必需空间的预留问题。

（2）不足

由于基于BIM的图纸会审对人员和电脑要求较高，这也是基于BIM的图纸会审实施的一个难题。一方面，基于BIM的图纸会审要求配置较高的硬件设备和具备相应素质的BIM专业人才。另一方面，创建三维模型要求有充裕的时间，如果建模人员素质不达标，或者时间比较紧张，则采用基于BIM的图纸会审难度较大，因为准确反映图纸信息的三维模型是基于BIM图纸会审的，若建模人员素质不够或者时间紧张导致三维模型不达标，则无法实现图纸会审的目的。

4.3.2 深化设计

深化设计是深化设计人员在原设计图纸的基础上，结合现场实际情况，对图纸进行完善、补充，并绘制成具有可实施性的施工图纸，深化设计后的图纸应满足原设计技术要求，符合相关地域设计规范和施工规范，并通过审查，能直接指导施工。深化设计主要包括各专业的深化设计以及专业间的协调深化设计。基于BIM的深化设计是应用BIM软件进行深化设计工作，极大地提高了深化设计质量和效率。

1）基于BIM的各专业深化设计实施要点

传统深化设计是先由各专业深化设计人员熟悉图纸，建设单位组织设计单位对各施工单位进行设计交底，向施工单位介绍设计意图，以及解决施工单位对图纸的相关疑问，完成交底之后，各专业深化设计人员在明确深化设计方向之后制定深化设计的相关原则文件，保证深化设计的质量，然后编写深化设计说明，绘制构件布置图、构件详图以及节点详图，对布置不合理的相关构件以及节点进行重新布置或者优化设计，最终完成深化设计。

基于BIM的各专业深化设计与传统的深化设计相比，应注意以下几个方面。

（1）各专业深化设计人员在完成接收设计单位的图纸交底之后，通过制定相应的深化设计原则之后，各专业通过安排专业的建模人员严格按照设计施工图纸进行各专业施工图设计模型的创建。

（2）完成专业模型的创建之后，各专业深化设计人员可以在各自专业施工图设计模型基础上进行深化设计工作，如检查调整房屋的管线标高，在保证管线功能需求的条件下，优化管线走向，节省材料，降低施工难度；校核型钢与钢筋穿插是否合理；通过软件的碰撞检查功能对各专业间的碰撞进行检查。

（3）基于BIM的深化设计，可以直接导出施工图，在对模型完成相应的优化之后，在

BIM 软件中,对图纸、图层、尺寸标注等进行相关设置之后便可直接导出施工图纸,在出图过程中如果构件过于密集还可通过过滤器功能进行分系统出图,或单独导出某构件的详图。

(4)在多专业进行协调深化设计时,各专业深化设计后的模型按照统一的坐标原点和高程整合到一起,形成项目的整体模型。在三维模型中通过碰撞检查发现各专业之间的碰撞点,还可通过三维漫游,以第三人的视角对三维模型进行巡视,发现问题,最后各方协调解决相关问题。

(5)关于施工图设计模型的来源,有以下4种可能的情况。

①设计单位不提供模型时,可以根据施工图自行创建施工图设计模型。

②设计单位提供施工图设计模型,但未考虑施工需要,这时可根据实际情况在某些工作中使用其模型。

③对于不能满足需要的工作,应考虑单独建模或者对已有模型进行优化。

④在前期通过建设单位与设计单位的沟通和协商,让设计单位提供符合施工标准的模型,满足文件命名、分区分层分段建模的相关要求。

2)基于BIM的深化设计的优势和不足

(1)优势

BIM 技术提高了深化设计的效率,保证了深化设计的质量。一方面,基于 BIM 的深化设计通过创建三维模型,各专业深化设计人员在创建三维模型的过程便可发现设计中存在的不合理设计以及设计中忽视的问题。另一方面,利用三维模型进行深化设计,更为直观地发现模型调整前以及调整后的状态,施工出图较快,特别是在对模型进行修改之后,施工图的更新可以自动生成,大大减少了绘图的工作量。

(2)不足

基于 BIM 的深化设计所形成的施工深化设计模型,由于需要用于形成施工过程模型来指导施工,模型精度要求比较高,需要各专业配置相应的技术人员并安排合理的时间,若各专业无法保障相应的技术能力和时间,则无法保障深化设计质量,后期的施工将会产生许多返工或质量安全事故,总承包单位无法保证各分包单位的 BIM 能力时,既耗费了人力物力,又难以达到深化设计的效果。

4.3.3 施工组织与方案优化

施工组织文件是项目管理中技术策划的纲领性文件,是用来指导项目施工全过程各项活动的技术、经济和组织的综合性文件,是施工技术与施工项目管理有机结合的产物,它能保证工程开工后施工活动有序、高效、科学、合理地进行。

1）基于BIM的施工组织与方案优化施工要点

传统的施工组织设计及方案优化流程首先由项目人员熟悉设计施工图纸、进度要求以及可提供的资源,然后编制工程概况、施工部署以及施工平面布置,并根据工程需要编制工程投入的主要施工机械设备和劳动力安排等内容,在完成相关工作之后提交给监理单位对施工组织设计以及相关施工方案进行审核。若监理单位审核不通过,则根据相关意见进行修改。监理单位审核通过之后提交给建设单位审核,审核通过后,相关工作按照施工组织设计执行。

基于BIM的施工组织设计优化了施工组织设计的流程,提高了施工组织设计的表现力,主要表现在以下几个方面。

（1）基于BIM的施工组织设计结合三维模型对施工进度相关控制节点进行施工模拟,可展示在不同的进度控制节点和工程各专业的施工进度。

（2）在对相关施工方案进行比选时,通过创建相应的三维模型对不同的施工方案进行三维模拟,并自动统计相应的工程量,为施工方案选择提供参考。

（3）基于BIM的施工组织设计为劳动力计算、材料、机械、加工预制品等统计提供了新的解决方法,在进行施工模拟的过程中,将资金以及相关材料资源数据录入到模型中,在进行施工模拟的同时也可查看在不同的进度节点相关资源的投入情况。

2）基于BIM的施工组织与方案优化的优势和不足

（1）优势

基于BIM的施工组织设计和方案优化利用BIM对施工进度计划以及相关施工方案进行三维模拟,更加直观地展示了工程进度以及相关施工方案的具体实施过程,便于发现其中的问题。

（2）不足

由于设计模型的创建问题,若项目前期没有相关模型,再行创建工作量比较大。

4.3.4 设计变更

在施工过程中,遇到一些原设计未预料到的具体情况,需要进行处理,如增减工程内容、修改结构功能、设计错误与遗漏、施工过程中的合理化建议以及使用材料的改变,这些都会引起设计变更。设计变更可以由建设单位、设计单位、施工单位或监理单位中的某一个单位提出,有些则是上述几个单位都会提出。例如,工程的管道安装过程中遇到原设计未考虑到的设备和管道、在原设计标高处无安装位置等,需改变原设计管道的走向或标高,经设计单位和建设单位同意,办理设计变更或设计变更联络单。这类设计变更应注明工程项目、位置、变更的原因、做法、规格和数量,以及变更后的施工图,经各方签字确认后即为设计变更。基于BIM的设计变更可实现模型的参数化修改,可以轻松对比变更前后工程部位的具体变化,并具有可追溯性。

1)基于BIM的设计变更实施要点

传统的设计变更主要是由变更方提出设计变更报告,提交监理单位审核,监理单位提交建设单位审核,建设单位审核通过再由设计单位开具变更单,完成设计变更工作。

基于BIM的设计变更与传统的设计变更相比,应注意以下几个方面。

(1)基于BIM的设计变更,在审核设计变更时,依据变更内容,在模型上进行变更形成相应的变更模型,为监理单位和建设单位对变更进行审核时提供变更前后直观的模型对比。

(2)基于BIM的设计变更,在进行设计变更完成之后,利用变更后BIM模型可自动生成并导出施工图纸,用于指导下一步的施工。

(3)基于BIM的设计变更,利用软件的工程量自动统计功能,可自动统计变更前和变更后以及不同的变更方案所产生的相关工程量的变化,为设计变更的审核提供参考。

(4)设计变更对施工深化设计模型产生影响,进而对相应的施工过程模型也产生影响。由于在目前的政策环境下和BIM应用成熟程度条件下,BIM模型尚没有正式用于项目管理。但是,在实际工作中,应用BIM模型辅助设计变更已经取得了不错的效果,例如,通过在设计变更报告中插入BIM模型截图来表达变更意图以及变更前后设计方案的对比,其直观性对于提高沟通效率有很大的帮助。

2)基于BIM的设计变更的优势和不足

(1)优势

基于BIM的设计变更为建设工程施工中的设计变更提供了新的思路。一方面,三维可视化为设计变更的审核提供了新的平台,更为直观地展现设计变更前后模型的变化,更快捷地统计对比变更前后工程量的变化。另一方面,基于BIM的设计变更,在确认变更之后,通过对模型按照变更方案进行修改,自动导出相关的施工图纸,大大减少了因为工程变更而产生的大量的绘图量。

(2)不足

在施工前期若已经创建了项目BIM模型,基于BIM的设计变更将大大提高工作效率。若无相关BIM模型,需要设计变更过程中创建BIM模型,因为模型创建过程中工程量比较大,则不建议进行基于BIM的设计变更。另外,若项目无法保证相关建模人员的素质水平,不能保证模型创建的精度,也不建议进行基于BIM的设计变更。

4.3.5 进度管理

项目进度管理是指项目管理者按照目标工期要求编制计划,实施和检查计划的实际执行情况,并在分析进度偏差原因的基础上,不断调整、修改计划直至工程竣工交付使用。通过对进度影响因素实施控制及各种关系协调,综合运用各种可行方法、措施,将项目的计划工期控制在事先确定的目标工期范围之内,在兼顾成本、质量控制目标的同时,努力缩短建设工期。基于BIM技术的虚拟施工,可以根据可视化效果看到并了解施工的过程和结果,更容易观察施工进度的发展,且其模拟过程不消耗施工资源,可以很大程度地降低返工成本和管理成本,降低风险,增强管理者对施工过程的控制能力。

基于BIM技术的进度管理主要包括进度计划的编制和执行监控两部分内容。

1)进度计划编制

基于BIM的进度计划编制与传统方法比较,应注意以下几个方面。

(1)在应用之前首先明确应用目标

基于BIM的进度计划管理对工作量影响最大的地方就在于模型建立与匹配分析。在宏观模拟中,进度计划的展示并不要求详细的BIM模型,只需要用体量区分每个区域的工作内容即可。在专项模拟中则需要更加精细的模型,这种模拟适用于有重大危险或相当复杂抽象的专项方案。

首先需要考虑的是选择不同的模拟目标会对后续工作的流程以及选择的软件造成一系列影响。若选择使用三维体量进行进度计划模拟,主要展示的是工作面的分配和交叉,方便对进度计划进行合理性分析。这种方式在工程量估算等方面准确性不高,视觉表现较为简陋。

若在三维体量的基础上追求更好的视觉效果,可以用简易模型进行进度模拟,模型中只区分核心筒、砌体墙、柱、梁、板和机电各专业,粗装修、精装修等工作可用砌体墙模型以不同颜色进行表现。这种方式下的表现力有所提升,但是在工程量估算、成本估算等方面依然不准确。

按图纸建立模型或使用设计单位的模型进行施工进度模拟,是最实用的施工进度模拟。这种模拟在工程量估算准确性和视觉表现上都是十分优秀的,但是要考虑简化模型,减少制作施工模拟的工程量。推荐使用这种方式进行施工模拟,但是要预留较长的工作时间。

若进行专项模拟,主要展示的是复杂、抽象的操作或工作条件,主要用于交底和沟通,此时应以展示清楚为前提,平衡建模与模拟的工作量。

(2)根据实际需要建立进度模拟模型

进度模拟模型可选择使用以下几种。

①体量模型

建立体量模型时主要考虑对工作面的表达是否清晰,按照进度计划中工作面的划分进行建模。体量模型建模最快,一般2h内可完成体量建模,推荐使用Revit进行体量建模,方便输入进度计划参数进行匹配。

②简化模型

当工作的细分要求较高时,应建立简化模型进行模拟,简化模型在体量模型的基础上能反映工程的一些特点。简化模型的建模速度也较快,建议建模使用Revit,方便进度计划参数的输入。

③多专业合成模型

当需要反映局部工作的施工特点时,可采用多专业合成模型,如将Revit、Tekla、Rhino等模型导入软件中进行模拟。在采用多专业模型时应注意,不同软件的模型导入Navisworks时需要调整基点位置;除Revit模型外,其他模型需手动匹配,最好能按不同软件设置不同的匹配规则。

(3)编制总进度计划工作表

编制总进度计划工作表时,应考虑4D、5D施工模拟的要求,选择以工作位置、专业为区分的WBS工作分解结构模板,批量设置相关匹配信息。选择以工作位置、专业为区分的WBS模板是考虑到施工模拟需要以三维模型、三维体量进行进度计划展示,因此需要很好地界定三维模型,否则会造成视觉上的混乱,影响进度计划的表达。建议进度计划中包括并不限于以下信息:进度信息与模型匹配的信息、模型中不同专业的信息、用于模型筛分的信息。

(4)工程量估算

工程量估算大致分为三种方式:导出数据信息进行估算、导入专业算量软件进行计算、在一站式管理软件中进行计算。

①第一种以Revit、Excel、MS Project的协同工作为主,导出Revit数据至Excel表格进行估算,再将数据输入进度计划软件中。

②第二种以Revit、国内造价软件(广联达、鲁班、斯维尔等)、Project的协同工作为主,将Revit模型导入国内造价软件进行算量,再将数据输入进度计划软件中。

③第三种以VICO、ITWO的一站式管理软件应用为主,在理论上,可将模型导入VICO、ITWO中,通过进行分区分层、进度计划编制、模型与进度关联、工程量计算、造价计

算、劳动力计算、进度时间估算等工作,实现5D施工模拟。但目前VICO、ITWO在国内还缺乏足够的应用实践,其实用性有待进一步验证,下面对这两个软件不再作详细叙述。

(5)工作持续时间估算

本项工作是在工程量估算的基础上,分配劳动力与机械,依据工程量与施工企业定额估算工作的持续时间。估算方式是导入工程量数据在进度计划软件中进行估算,将工程量估算中的前两种方式计算出的工程量数据导入进度计划软件中,设置施工定额,进度软件自动计算工作持续时间。

(6)模型与进度计划进行匹配

模型与进度计划进行匹配时,可灵活采取匹配方式。匹配方式主要有以下两种:

①手动匹配

手动匹配时,是在Navisworks中选择模型,与相对应的进度计划项进行匹配。筛选出模型的方式多种多样,因此手动匹配方法多种多样。手动匹配的优势在于灵活、方便、操作简单。

②规则自动匹配

按规则进行自动匹配主要是依据模型的参数特点按照一定的规则对应到进度计划项上。自动匹配快捷方便,能在一定程度上降低匹配工作量,但是缺点是不够灵活,流程繁琐,匹配错误时难以修改。

(7)进度优化及核查

进度优化主要还是依靠原有的优化工具进行,在复杂工程的进度优化上,可使用Navisworks等软件制作施工进度模拟,通过动画的方式表现进度安排情况,直观检查进度中不合理的安排。

(8)总控计划交底

计划交底采取施工模拟与工作计划表相结合的方式进行,需要调整的部分则进行讨论、记录,达成一致意见后,修改总进度计划及施工模拟。

施工进度模拟在交底中的作用也非常显著,在进度协调会中临时检查进度计划表中的各项关系,查找效率低的重要原因,在进度协调时利用清晰直观的动画进行展示,减少了各方的理解歧义,以便达成共识。

(9)编制阶段进度计划

计划协调部门在将一级总进度计划分解细化形成阶段计划的过程中,应对复杂情况的施工区域额外进行详细度更高的施工模拟,提前核查可能发生的情况。阶段性计划可以从总控计划中抽取出来,细化成分段更细的施工进度部署。编制方法与编制总控计划的施工进度模拟相同。

（10）审查分包单位计划合理性

在进度会议上进行进度计划的协调工作时,利用施工模拟、流线图等方式辅助沟通,减少各分包单位的理解歧义,快速理解工作面交接,以便达成共识。

2）基于BIM的进度控制实施要点

与传统进度控制相比,基于BIM的进度控制应注意以下几个方面。

（1）执行进度计划跟踪

进度计划的跟踪需要在进度计划软件中输入进度信息与成本信息,数据录入后同步至施工进度模拟中,对进度计划的完成情况形成动画展示,相比传统工作来说并未增加工作量。

（2）进度计划数据分析

可使用赢得值法进行分析,但是数据主要通过自动估算以及批量导入,相比传统估算方式,会更加准确,而且修改起来更加快捷。由于BIM在信息集成上的优势,在工作滞后分析上可利用施工模拟查看工作面的分配情况,分析是否有互相干扰的情况。在组织赶工时利用施工进度模拟进行分析,分析因赶工增加资源对成本、进度的影响,分析赶工计划是否可行。

（3）形象进度展示

在输入进度信息的基础上,利用施工模拟展示进度执行情况,用于会议沟通、协调。对进度计划的实际情况展示方面,施工模拟具有直观的优势,能直观了解全局的工作情况。滞后工作对后续工作的影响也能很好地展示出来,能快速让各方了解问题的严重性。

（4）总承包例会协调

在会议上通过施工模拟与项目实际进展照片的对比,分析上周计划执行情况,布置下周生产计划,协调有关事项。

（5）进度协调会的协调

当交叉作业频繁、工期紧迫等特殊阶段时,当专业工程进度严重滞后或对其他专业工程进度造成较大影响时,应组织相关单位召开协调会并形成纪要。会议应使用4D、5D施工模拟展示项目阶段进度情况,分析总进度情况,分析穿插作业的滞后对工作面交接的影响;辅以进度分析的数据报表,增强沟通和协调能力。

（6）进度计划变更的处理

若进度计划变更不影响模型的划分,应修改进度计划并同步至软件中。若进度计划变更影响模型的划分,先记录变更部位,划定变更范围,逐项修改模型划分与匹配信息。模型修改完成后,将进度计划与模型重新同步至软件中进行匹配,完成变更的处理。处理完成后,留下记录,记录应包括变更部位、变更范围、时间和版本。

（7）模型变更的处理

模型变更时,先记录变更部位,划定变更范围。为修改后的部位划分范围,输入进度信息、专业信息等数据。将模型同步至软件中,重新进行匹配,完成变更处理。处理完成后,留下记录,记录应包括变更部位、变更范围、时间和版本。

4.3.6 质量安全管理

BIM 技术在工程项目质量和安全管理中的应用目标是:通过信息化的技术手段全面提升工程项目的建设水平,实现工程项目的精细化管理。在提高工程项目施工质量的同时,更好地实现工程项目的质量管理目标和安全管理目标。

基于 BIM 技术,对施工现场重要生产要素的状态进行绘制和控制,有助于实现危险源的辨识和动态管理,有助于加强安全策划工作,减少和消除施工过程中的不安全行为和不安全状态,做到不发生事故,尤其是避免人身伤亡事故,确保工程项目的效益目标得以实现。

1) 基于 BIM 技术的质量管理实施要点

传统的质量管理主要依靠制度的建设、管理人员对施工图纸的熟悉及依靠经验判断施工手段的合理性来实现,这对于质量管控要点的传递、现场实体检查等方面都具有一定的局限性。BIM 技术可以在技术交底、现场实体检查、现场资料填写、样板引路等方面进行应用,帮助提高质量管理方面的效率。在实施过程中应注意以下几个方面。

（1）模型与动画辅助技术交底

针对比较复杂的工程构件或难以二维表达的施工部位建立 BIM 模型,将模型图片加入技术交底书面资料中,便于分包单位及施工班组的理解。同时利用技术交底协调会,将重要工序、质量检查重要部位在电脑上进行模型交底和动画模拟,直观地讨论和确定质量保证的相关措施,实现交底内容的无缝传递。

（2）现场模型对比与资料填写

通过 BIM 软件,将 BIM 模型导入到移动终端设备,让现场管理人员利用模型进行现场工作的布置和实体的对比,直观快速地发现现场质量问题,并将发现的问题拍摄后直接在移动设备上记录整改问题,将照片与问题汇总后生成整改通知单下发,保证问题处理的及时性,从而加强对施工过程的质量控制。

(3)动态样板引路

将 BIM 融入样板引路中,打破传统在现场占用大片空间进行工序展示的单一做法,在现场布置若干个触摸式显示屏,将施工重要样板做法、质量管控要点、施工模拟动画和现场平面布置等进行动态展示,为现场质量管控提供服务。

2)基于 BIM 的安全管理实施要点

传统的安全管理、危险源的判断和防护设施的布置都需要依靠管理人员的经验来进行,特别是各分包单位对于各自施工区域的危险源辨识比较模糊。安全管理实施过程中应注意以下两个方面。

(1)通过建立的三维模型让各分包单位管理人员提前对施工面的危险源进行判断,并通过建立防护设施模型内容库,在危险源附近快速地进行防护设施模型的布置,比较直观地将安全死角提前排查。

(2)对项目管理人员进行模型和仿真模拟交底,确保现场按照防护设施模型要求执行。

4.3.7 竣工验收

传统工程的竣工验收工作由建设单位负责组织实施,在完成工程设计和合同约定的各项内容后,先由施工单位对工程质量进行检查,确认工程质量符合有关法律、法规和工程建设强制性标准,且符合设计文件及合同要求,然后提出竣工验收报告。建设单位收到工程竣工验收报告后,对符合竣工验收要求的工程,组织设计、监理等单位和其他有关方面的专家组成验收组,制定验收方案。在各项资料齐全并通过检验后,方可完成竣工验收。

基于 BIM 的竣工验收与传统的竣工验收不同。基于 BIM 的工程管理注重工程信息的实时性,项目的各参与方均需根据施工现场的实际情况将工程信息实时录入到 BIM 模型中,并且信息录入人员须对自己录入的数据进行检查并负责到底。在施工过程中,分部、分项工程的质量验收资料,工程洽商、设计变更文件等都要以数据的形式存储并关联到 BIM 模型中,竣工验收时信息的提供方须根据交付规定对工程信息进行过滤筛选,筛除冗余信息。竣工 BIM 模型与工程资料的关联关系为:通过分析施工过程中形成的各类工程资料,结合 BIM 模型的特点、工程实际施工情况、工程资料与模型的关联关系,将工程资料分为三种:

(1)一份资料信息与模型多个部位关联。

(2)多份资料信息与模型一个部位发生关联。

(3)工程综合信息的资料,与模型部位不关联。

将上述三种类型资料与 BIM 模型关联在一起,形成包含完整工程资料并便于检索的竣工 BIM 模型。

基于 BIM 的竣工验收管理模式的各种模型与文件,成果交付应当符合项目各方的合约要求。

BIM 成果形式包括:

(1)模型文件

模型成果主要包括地质、测绘、桥梁、隧道、路基、房建等专业所构建的模型文件,以及各专业整合后的整合模型。

(2)文档格式

在 BIM 技术应用过程中所产生的各种分析报告等由 Word、Excel、PowerPoint 等办公软件生成的文件,在交付时统一转换为 PDF 格式。

(3)图形文件

主要指按照施工项目要求,对指定部位由 BIM 软件渲染生成的图片,格式为 PDF。

(4)动画文件

BIM 技术应用过程中基于 BIM 软件按照施工项目要求进行漫游、模拟,通过录屏软件录制生成 AVI 格式的视频文件。

4.4 施工企业BIM软件方案

目前,中国中铁施工企业 BIM 应用尚未建立完整体系的解决方案,表 4-4-1 为目前国内外建筑施工企业常用的 BIM 软件,供各单位参考。

施工常用BIM应用软件　　　　　　　表4-4-1

软件工具			施工阶段			
公司	软件	专业功能	施工投标	深化设计	施工管理	竣工交付
Autodesk	Revit	建筑 结构 机电	●	●	●	
	Navisworks	协调 管理	●	●	●	●
	Civi13D	地形 场地 路基	●	●		
Graphisoft	ArchiCAD	建筑	●	●	●	

续上表

软件工具			施工阶段			
公司	软件	专业功能	施工投标	深化设计	施工管理	竣工交付
广联达	MagiCAD	机电	●	●	●	
Bentley	AECOsim Building Designer	建筑 结构 机电	●	●	●	
	ProSteel	钢结构			●	
	Navigator	协调 管理	●	●	●	●
	ConstructSim	建造	●			
Trimble	Tekla Structure	钢结构	●		●	
FORUM 8	UC-winIRoad	仿真	●	●		
Dassault System	DELMIA	4D仿真	●	●	●	
	ENOVIA	协同				●
Solibri	Model Checker	检查				
	Model Viewer	浏览	●	●		●
	IFC Optimizer IFC	优化	●	●	●	●
	Issue Locator	审阅	●	●		
广联达	广联达BIM5D	造价	●	●	●	●
鲁班	鲁班BIM系统	造价	●	●	●	●
RIB 集团	iTWO	进度 造价	○	○		○
建研科技	PKPM	结构	●	●	●	
盈建科	YJK	结构	●	●		
迈达斯	MIDAS	结构	●	●		
卓畅数码	SinoCAM	自动化控制			●	
飞时达	FastTFT	土方计算			●	

注：表中"●"为主要或直接应用，"○"为次要应用或需要定制、二次开发的应用。

第5章 制造企业BIM应用指南

5.1 制造企业BIM应用目标

中国中铁所属的制造企业主要为建设工程中所需钢结构提供构件制造和加工服务。将BIM技术应用于制造企业的钢结构数字化加工过程中,通过产品工序化管理,将以批次为单位的图纸和模型信息、材料信息、进度信息转化为以工序为单位的数字化加工信息,借助先进的数据采集手段,以钢结构BIM模型作为信息交流的平台,通过施工过程信息的实时添加和补充完善,进行可视化的展现,实现钢结构数字化加工。钢结构工程的基本产品单元是钢构件,钢构件的生产加工具有全过程的可追溯性,以及明确划分工序流水作业的特点。随着社会生产力的发展,钢结构制作厂通过新设备的引进、对已有设备的改造以及生产管理方式的变革等措施,使之具备了与生产力相适应的数字化加工条件和能力。在基于BIM技术的钢结构数字化加工过程中,从事生产制造的工程技术人员可以直接从BIM模型中获取数字化加工信息,同时将数字化加工的成果反馈到BIM模型中,提高数据处理的效率和质量。

5.2 制造企业BIM应用流程

制造企业主要进行钢结构数字化加工,其BIM应用的基本原则有以下几个方面。

(1)BIM技术应与钢结构制造企业的实际生产力水平相适应。不同的制造企业在产能、设备、管理模式等方面各不相同,具备的数字化加工条件与能力也不相同。当采用手工、半自动化、自动化等不同的加工方式,需要从BIM模型中提取不同深度的数据信息。

(2)钢结构的生产具有明确划分工序流水作业的特点,实现加工过程的数字化应从管理模式上进行变革。加工工序的过程管理是将加工过程的数据采集和加工管理重心下移到以工序为单位的操作层,将从BIM模型中提取的数字化加工信息转化为具体的工序信息,同时将加工结果反馈到BIM模型中。

(3)钢结构数字化加工应从人员、设备、方法、资源等多个方面综合考虑。从BIM模型中提取的数字化信息,还需与其他资源进行整合,才能实现数字化加工与BIM技术的强强联合。

钢结构数字化加工流程图如图5-2-1所示。

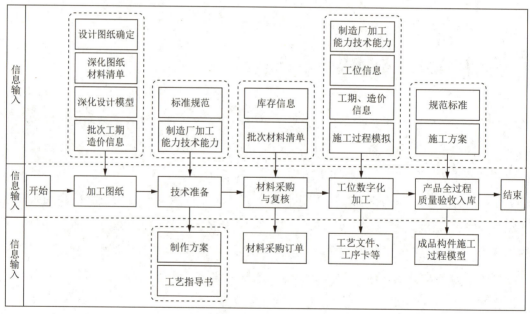

图5-2-1 钢结构数字化加工流程图

5.3 制造企业BIM主要应用点

制造企业BIM主要应用点为钢结构的数字化加工,与传统的钢结构加工相比,基于BIM模型的数字化加工过程对数据输入和模型内容都有更高的要求。

1)数字化加工数据输入基本要求

钢结构数字化加工依托于生产工位的数字化,应用BIM技术可以整合加工过程中多个部门的数据信息,实现协同作业与信息共享。在钢结构数字化加工过程中,BIM 技术应用会涉及制造企业的成本管理部、生产管理部、物资管理部、技术管理部、质量管理部和制作车间等多个部门。各部门职责见表5-3-1。

制造企业BIM数字化加工各部门职责　　　　　　　　　表5-3-1

序号	部门	BIM应用内容
1	成本管理部	①维护成本基础数据信息,包括各生产批次构件的成本要制作厂素等; ②向BIM系统导入工程量清单,并对清单内容进行估算,生成估算报表;维护各批次、各分部、分项工程的工程量数据; ③在实际加工过程中进行报价查询与调整等
2	生产管理部	①划分并维护生产批次信息; ②进行生产过程管控; ③工程计划协调、进度统计与反馈等
3	质量管理部	①按照生产管理部发布的生产批次进行排版套料; ②进行图纸文件的管理; ③制定零构件的生产工序路线; ④进行零构件工序质量验收
4	制作生产车间	①按照工艺文件进行生产制作; ②实时反馈施工状态; ③制作过程检验、构件运输管理等

实现钢结构数字化加工,需要从BIM模型中提取加工用的数据信息。根据制造企业产能、设备、管理模式等条件,数据输入时需要考虑:

(1)钢结构数字化加工所需数据的编码应与实际管理模式相适应。针对不同的数字化加工设备和管控方法,所需的数据格式与类型也不相同。

(2)钢结构数字化加工数据输入时,应做到以工序管理为基本落脚点,将数据采集和加工管理重心放在工序管理上。从BIM模型中获取加工数据,通过数据传输发送到各个工序,每个工序又将加工的结果反馈到BIM模型中。

2)BIM数字化加工模型内容

制造企业钢结构BIM数字化加工模型主要内容见表5-3-2。

制造企业钢结构BIM数字化加工模型内容　　　　　　　表5-3-2

序号	模型内容	模型信息
1	结构层数、结构高度	项目结构基本信息,包括结构层数、结构高度等
2	结构分段、分节	结构分段、分节位置,标高信息等
3	生产批次清单	项目生产批次信息,包括批次范围、工程量、构件数量等
4	生产批次工期清单	具体生产批次的工期要求
5	生产批次分班清单	具体生产批次的分班信息,包括具体生产班组的工程量、材料、工期等
6	钢结构零构件加工工序	具体生产批次的零构件需要经历的工序信息清单

续上表

序号	模型内容	模型信息
7	钢结构零构件模型	具体生产批次的所有零构件实体模型,包括零构件的属性信息,如材质、截面类型、重量等
8	钢结构零构件清单	具体生产批次的所有零构件详细清单,包括零件号、构件号、材质、数量、净重、毛重、图纸号、面向钢结构数字化加工表面积等
9	钢结构零构件图纸	具体生产批次的所有零构件图纸,包括零件图、构件图、多构件图、布置图等
10	具体生产批次零构件材料	具体生产批次的所有零构件材料物流情况,材料物流清单包括材料计划编制、材料到场时间、堆场位置等
11	具体生产批次零构件工艺	具体生产批次的所有零构件工艺信息,包括打砂油漆要求、直发件要求、工艺排版图、数控文件等
12	具体生产批次造价清单	具体生产批次的造价信息,包括工程量、制造单价、人工费、设备费、劳务费等

5.4 制造企业BIM软件方案

由于制造企业BIM应用点比较特定,BIM软件平台较少,SinoCAM是常用的数字化加工软件,适用于各种数控切割机(火焰、等离子、激光、水流)的放样、套料和数控编程,在钢结构行业具有广泛的应用。SinoCAM使用的原始加工数据信息可以直接从BIM模型中提取,包括零件的结构信息,如长度、宽度等;零件的属性信息,如材质、零件号等;零件的可加工信息,如尺寸、开孔情况等。SinoCAM使用的材料信息可以直接从企业的物料数据库中提取,通过二次开发连接企业的物料数据库,调用物料库存信息进行排版套料,对排版后的余料进行退库管理。排版套料结束后,根据实际使用的数控设备选择不同的数控文件格式,对结果进行输出。数字化加工的结果可以反馈到BIM模型中,对施工信息进行添加和更新操作,其数字化加工数据转换如图5-4-1所示。

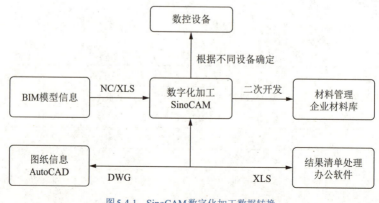

图5-4-1　SinoCAM数字化加工数据转换

第6章
企业 BIM 应用实施保障措施

未来 BIM 技术在中国中铁的应用将会很广泛,但在现阶段,各企业 BIM 应用需要考虑各种因素影响,为此从政策、经济、技术、人力资源、管理等五个方面进行对策措施分析。

6.1 政策措施

《铁路"十二五"科技发展规划》在重点技术领域的信息技术中提到"信息管理技术"和"智能铁路技术",BIM 技术在铁路中的应用将推动铁路信息管理和智能铁路的发展。因此,BIM 技术在铁路行业应用的政策风险较低,有望得到相关部门的大力支持。此外,从文献调查和专家调研中得知,铁路行业在 BIM 技术实施初期,政府在国内基础设施的投资和对于铁路行业管理方面有显著的影响力,为更好地推动 BIM 技术在铁路行业的应用给予了政策支持。因此,应采取进一步的对策措施,包括:

(1)推动上级政府部门将 BIM 技术的推广应用纳入铁路科技发展专项规划。

(2)与 BIM 技术推广应用经验丰富的部门加强合作,推动 BIM 技术在铁路行业的应用。

(3)与建设单位(特别是海外项目)加强合作,根据市场需要,总结 BIM 技术应用经验,配合政府部门和行业协会制定相关政策。

6.2 经济措施

欧美地区发达国家的研究显示,BIM 技术带来的经济效益显著。目前中国中铁还处在引进BIM技术的初期,由于设计费用、硬(软)件的购置以及员工培训、投资回报周期等因素,BIM技术带来的经济效益并不明显,其主要涉及以下三个方面的问题:①短期成本高;②收益的不确定性;③投资回报期长。

针对这些问题,应采取以下措施:

(1)积极争取政府的政策支持。

(2)广泛接触各类BIM平台,加强对外合作与交流,增强企业自身BIM技术二次开发能力,形成具有完全或部分自主知识产权的产品,提高设计、施工和产品制造的效率,最终降低BIM应用的成本,降低或消除BIM应用的经济风险。

(3)确定BIM应用服务的合理收费标准,以降低项目各参与方的经济成本,使BIM项目的各参与方都能成为BIM技术的受益者。

6.3 技术措施

BIM技术在国内的发展较为缓慢,从技术层面来看,主要原因包括以下5个方面:

(1)BIM技术适应性差,缺乏统一的专业间交互数据格式支持。

(2)BIM技术更新快,二次开发的能力不强,持续性改进跟不上。

(3)BIM技术难度高,与传统方法基本操作及理念均相差甚远。

(4)BIM技术属通用基础平台,其专业性不够,未针对各行业进行针对性设计。

(5)BIM技术选择存在误区,需结合专业特点进行比选。

基于以上原因,应采取相应的对策措施。

(1)目前我国建筑业项目中使用的BIM软件和数据交换标准都是国外软件开发商研发的,应重点推动开发商开放其BIM平台的通用数据接口及二次开发接口。从长期发展来看,应根据专业特点选择适合平台,开发自身的BIM数据标准和软件,以提高中国中铁的市场竞争力。

(2)为解决BIM更新快、二次开发持续性差的问题,一方面应侧重购买BIM平台SDK开发包而不是针对软件产品开发插件,与专业相关的产品尽可能由企业自己开发,最大程度避开软件平台升级问题;另一方面应加强与BIM平台开发商的沟通与交流,尽可能保证二次开发接口的连续性及扩展性。

(3)BIM技术通用性强但专业性不够,必须成立专门的BIM研发及支撑团队,选择基于BIM平台进行二次开发,降低使用难度,同时融入专业知识,确保适用性。

(4)目前可供选择的BIM平台很多,需加强调研,熟悉各类产品的特点及长处,综合考虑专业、易用、实用、成本、维护及技术支持等各方面因素,选择最适合行业某个专业或某个阶段的产品。

6.4 人力资源措施

BIM技术是建筑史上的一次技术性革命,可能对传统社会体系中已享受权利的人群或者习惯于当前工作模式的人造成心理压力,会在人力资源方面带来抵触行为,包括:①现有技术人员回避新技术;②现有人员业务能力、知识结构不足;③BIM人才缺乏及流失;④现有业务繁忙,培训困难等。应采取有效措施,加强BIM技术应用的交流和宣传,消除对BIM技术的抵触心理,让参与各方了解BIM技术所带来的优势和效益。为解决现有人员业务能力、知识结构不足和人才缺失问题,应逐步扩大培训范围,培养更多的专业BIM应用人才,建立BIM技术应用的奖惩机制,让更多人员参与到BIM应用中来,使BIM技术应用得到不断的推广和发展。

6.5 管理措施

BIM技术的应用将带来工程建设各阶段、各专业任务分配及工作量的变化,原有企业的考核机制、奖励机制及分配机制必须进行相应的改变。针对这一现状,初期可考虑采用相对稳定的企业BIM专业支持团队的管理方式,企业在内部设立专门的BIM服务团队,保证技术团队的稳定性,而企业各业务部门的专业人员仍采用传统的二维工作模式,各业务部门原有工作流程和人员组织结构基本不变,避免BIM技术应用初期给企业带来工作效率降低、短期组织结构混乱的风险。

目前中国中铁尚未建立基于BIM技术的工作流程,没有确定工作流程体系,易造成工作程序上的混乱而进行返工。企业需要建立BIM工作流程的框架,为项目参与方提供工作流程的标准。可以参考Senate Properties制定的BIM Requirements,在流程中需要明确工程项目各个阶段使用BIM技术的对象、BIM的应用范围以及方式等。

此外,企业还存在缺乏BIM行业标准、法律责任界限不明、知识产权归属不明等其他问题,针对缺乏行业标准问题,主要通过科研立项开展BIM应用相关标准的研究,尽快制定出企业级的BIM标准和规范。

第7章
BIM 应用典型案例

本书选取中铁二院宝兰客专石鼓山隧道、沪昆客专北盘江大桥和西成线江油北站路基、中铁一局苏州桥地铁站、杭州市紫之隧道3标段、广州环城际铁路2标东平新城车站和中铁建工兰州国际商贸中心等7个设计、施工BIM应用典型案例进行整体介绍，希望为中国中铁各企业的BIM应用和研究提供借鉴和参考。

7.1 中铁二院宝兰客专石鼓山隧道工程

7.1.1 工程概况

宝兰客专石鼓山隧道位于宝鸡市渭滨区渭河南岸的石鼓镇杨家山的黄土残塬区，里程范围为DK639+430～DK643+760，全长4330m，为双线隧道。隧址区地形起伏较大，地面高程624～766m，相对高差142m，最大埋深133m。隧道进出口段位于曲线上，纵坡三处坡度分别为3/1720、5.3/1200和20/1410。隧址区地层岩性差，有膨胀岩、湿陷性黄土、松软土等特殊岩土，地表水发育。结合隧道所处地形、地质条件，考虑施工工期、施工条件及运营期间救援疏散要求，采用2座无轨运输斜井辅助施工。

隧道洞身下穿茵香河、张家沟、刘家河三条较大沟谷，加之围岩条件极差，施工难度大，不可预测因素多，因此采用具有多维化、可视化等特点的BIM技术设计。项目利用BIM技术实现了隧道三维虚拟展示、施工工法转换三维模拟、施工组织动态模拟、工期预测、三维工程量计算及展示等，为石鼓山隧道建设质量、安全、投资、环境等目标的实现提供了技术保障。

7.1.2 实施资源

1）平台选择

BIM 技术的应用需要若干软件相互协作共同完成，要求模型及信息能在各软件之间无损交换、无缝连接，因此建议选择同系列的软件相互配合以实现 BIM 技术的应用。目前国际上较为先进的软件公司主要有欧特克、达索、奔特力和图软，本项目在综合考虑各方面因素的基础上，选择达索系列软件作为技术支持平台（图7-1-1）。

（1）ENOVIA：协同管理平台，负责全生命周期内信息协调和数据管理。

（2）CATIA：产品设计平台，用于设计阶段三维模型的建立。

（3）DELMIA：仿真应用平台，用于施工阶段的施工动态仿真、施工组织计划。

（4）3DVIA：三维展示平台，用于全生命周期模型展示和信息浏览使用，可将交付成果作为独立输出结果分发并使用免费高性能 3DVIA Player 进行查看。

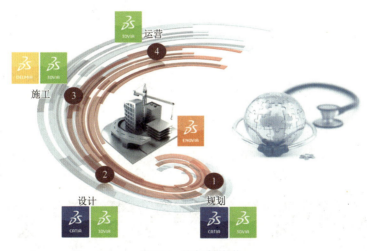

图7-1-1　达索系列软件

2）软件应用技术路线

铁路隧道工程是极其复杂和重要的基础工程，对其规划、设计、施工、运营维护的全寿命周期进行综合规划和设计优化具有重要意义。基于 BIM 模型数字化、可视化、多维化、协调性、可操作和全过程的特点，拟将 BIM 技术的应用贯穿于铁路隧道工程全生命周期，利用 ENOVIA、CATIA、DELMIA、3DVIA/GIS 等软件平台分别实现铁路隧道数据协同管理、隧道三维设计、隧道动态施工模拟、三维展示及信息浏览等，并可将三维设计模型导入 ANSYS

等有限元软件进行数值分析。此外,对BIM软件平台的二次开发还实现了二维出图、工程量计算及数字交付等方面的功能。

达索系列软件在铁路隧道工程中的应用技术路线如图7-1-2所示。

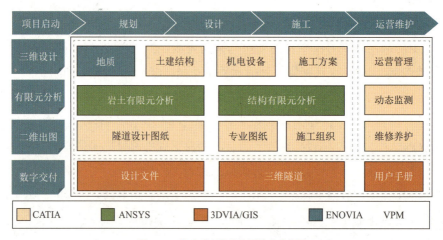

图7-1-2 达索系列软件应用技术路线图

7.1.3 实施过程

1)BIM技术在设计中的应用

(1)三维地表建模

首先对地形影像数据处理,根据获取的石鼓山隧道区域10km×4km的测绘数据,制作正射影像(DOM)和数字高程模型(DEM)。其次对背景数据处理,最后基于skyline软件,通过金字塔技术将DOM和DEM集成,生成精细的三维地形模型,详见图7-1-3～图7-1-6。

图7-1-3 正射影像(DOM)

图7-1-4 数字高程模型(DEM)

a)背景Landsat

b)背景SRTM

图7-1-5 背景Landsat和背景SRTM

图7-1-6 三维地形模型

(2)三维地质建模

地质建模过程主要是根据石鼓山隧道地质调绘资料及已有的纵横断面构建地层面,用建立好的地层面来剖切拉伸体以生成地质体,具体地质模型如图7-1-7～图7-1-12所示。

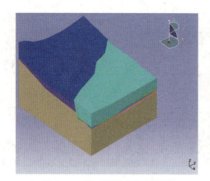
图 7-1-7　进口段三维地质模型

图 7-1-8　出口段三维地质模型

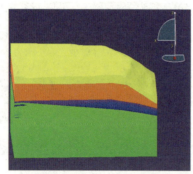
图 7-1-9　1号斜井三维地质模型

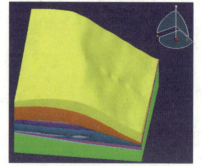
图 7-1-10　2号斜井三维地质模型

图 7-1-11　洞身明洞段三维地质模型

图 7-1-12　全隧道三维地质模型

（3）隧道三维建模

隧道专业在三维地质模型和线路模型主设计骨架的基础上，结合围岩分级、施工工法和衬砌形式等因素，划分出各隧道段落的二级骨架，为隧道三维设计提供定位支持。利用CAITA建模功能（如草图绘制、知识工程阵列等）建立参数化、可联动修改的隧道三维模型，并附加必要的非几何信息，利用CATIA知识工程模板功能将建立的模型封装为模板，在后续遇到同类型隧道建模时实例化模板即可。隧道三维建模技术路线如图7-1-13所示。

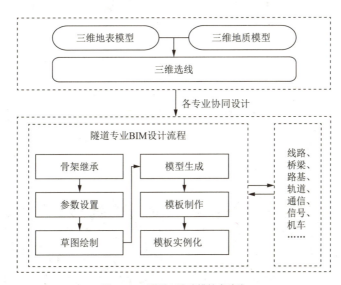

图7-1-13　隧道三维建模技术路线

依托石鼓山隧道工程，初步建立了部分暗洞、明洞、附属洞室、防排水和洞门等模型。以V级e型暗洞衬砌三维建模为例，详细介绍隧道三维建模的全过程。

①模型架构

结合制定的命名规则，暗洞洞身模型主要由超前支护、初期支护、二次衬砌和防排水构成，其结构树如图7-1-14所示。

②骨架信息

根据骨架设计的理念，需要定义与暗洞洞身相关的一系列骨架信息，如起始里程、终止里程、平面线本段和空间线本段等，同时还需绘制一系列模型草图，具体如图7-1-15和图7-1-16所示。

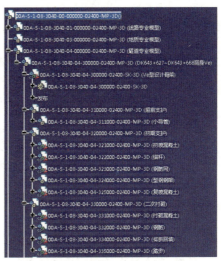

图7-1-14　暗洞洞身结构树

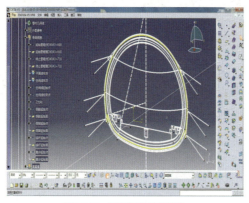
图7-1-15　暗洞洞身骨架信息

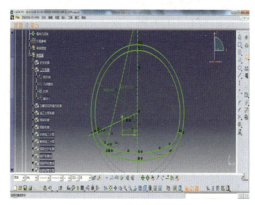
图7-1-16　二次衬砌轮廓草图

③模型建立

在草图绘制的基础上，根据需要设置参数，按照设计要求利用CATIA的拉伸、扫掠、剪切和结合等功能制作知识工程模板，再利用知识工程阵列建立参数化的、可联动修改的隧道三维模型，如图7-1-17～图7-1-20所示。

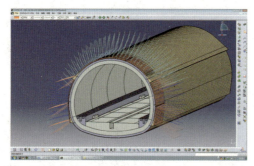
图7-1-17　洞身整体模型

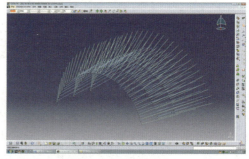
图7-1-18　超前支护模型

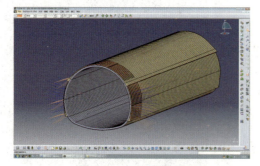
图7-1-19　初期支护模型

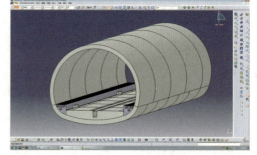
图7-1-20　二次衬砌模型

④模板实例化

建立起规范、标准、科学的隧道模板之后，利用CATIA知识工程模板模块中的文档模板、超级副本等功能可快速生成本段的文档模板,然后利用文档实例化功能并设置合适的输入参数即可快速建立起同类型的隧道三维模型,如图7-1-21～图7-1-24所示。

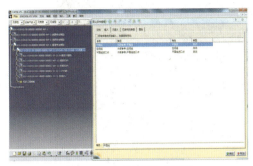

图7-1-21 文档模板生成界面

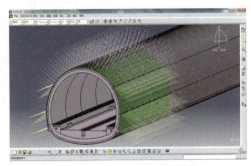

图7-1-22 Vb型暗洞模型

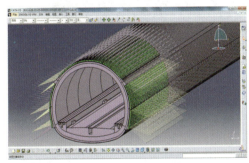

图7-1-23 Vd型暗洞模型

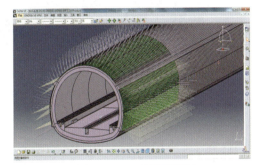

图7-1-24 Ve-I型暗洞模型

⑤工程量计算与二维出图

利用BIM隧道三维模型可实现二维出图、工程量计算(表7-1-1)、模型附加信息(图7-1-25)等方面的功能。

钢架工程量统计 表7-1-1

编号	尺寸（mm）	单位长度（mm）	数量	总长（mm）	单件质量（kg/m）	总质量（kg）	合计质量（kg）
N1	110	3048.00	2	6096.00	31.10	189.59	1419.16
N2		4633.00	5	23165.00	31.10	720.43	
N3		3264.00	2	6528.00	31.10	203.02	
N4		3262.00	2	6524.00	31.10	202.90	
N5		3319.00	1	3319.00	31.10	103.22	
N6	290×320×15	—	10	—	20.70	207.00	251.74
N7	290×700×15	—	2	—	16.16	32.31	
N8	290×290×16	—	2	—	6.22	12.43	

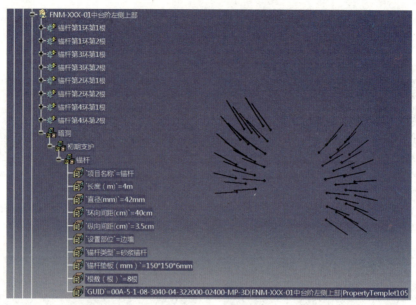

图 7-1-25 锚杆模型信息附加图

2)BIM 技术在施工中的应用

铁路隧道设计模型需进一步处理才可应用于施工阶段,处理工作主要包括模型切分、环境布置、资源配置和参数设置。

(1)模型切分(图 7-1-26 和图 7-1-27)

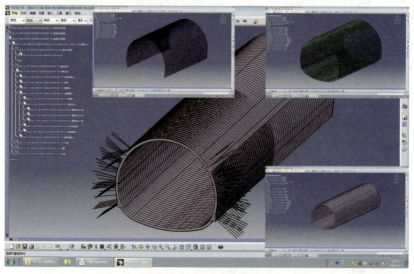

图 7-1-26 初期支护模型切分

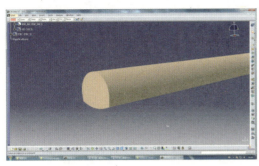 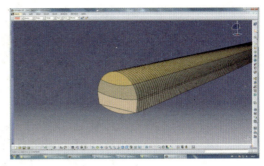

图7-1-27 开挖体模型切分

(2)环境配置(图7-1-28)

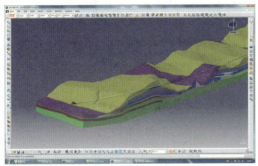 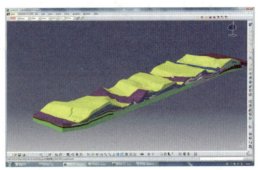

a)整体模型   b)地质模型

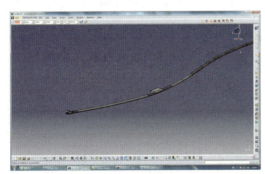 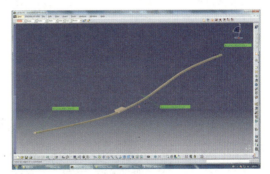

c)隧道模型   d)开挖体模型

图7-1-28 隧道模型环境配置

(3)资源配置

隧道模型施工动态模拟还需要按照实际施工情况配置人员、机具和设备等相关资源(图7-1-29)。

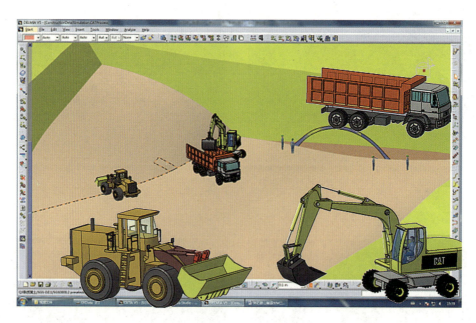

图 7-1-29　隧道模型资源配置

（4）参数设置

隧道施工甘特图可以形象地表示隧道的工序安排、衔接、持续时间等施工要素。利用网络分析制定计划并对计划予以评价，协调石鼓山隧道整个施工组织计划的各道工序，合理安排人力、物力、时间和资金。利用 DELMIA 的参数定制功能自定义一系列参数，更好地动态展示施工过程。利用施工动态模拟直观、形象地展示整个施工过程，并对施工过程中的人员、设备进行碰撞检验，如图 7-1-30～图 7-1-33 所示。

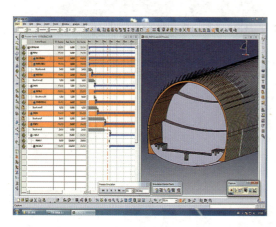

图 7-1-30　隧道施工甘特图

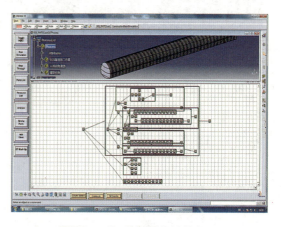

图 7-1-31　施工模拟计划评审技术

图 7-1-32　施工模拟参数定制

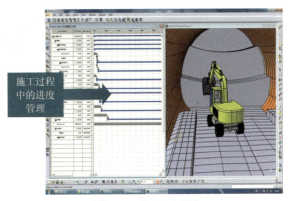
图 7-1-33　施工动态模拟

7.1.4　成果交付

1）规划与设计的交付

本项目没有涉及该阶段,因此无相应交付成果。

2）设计与施工的交付

项目实施过程中设计单位向施工单位交付的成果主要有:二维施工图(AutoCAD)、施工精度的三维模型(CATIA、Composer)、附属信息文件(SQL Server/Excel)。

3）施工与运营维护的交付

项目目前正处于施工阶段,拟在施工结束时交付运营维护单位的成果为二维竣工图纸、三维竣工模型和附属信息文件等。

7.1.5　小结

通过在石鼓山隧道工程中开展试点工作,探索铁路隧道基于BIM的建设管理信息化技术,取得了一定的经验和成绩,并期望推广到其他形式的隧道,进一步延伸至其他专业,为中国铁路工程建设信息化提供基础保障。BIM技术与传统的二维设计相比,首先能够实现专业内、专业间的设计协同管理,提升管理效率;其次可以进行设计方案的碰撞检验,实现附属洞室、防排水、钢筋的精确计算和洞门里程的可视化定位等的设计优化。值得一提的是,其模型可与数值计算软件进行信息交互,实现结构受力分析;最重要的是其强大的联动模拟能力能够进行施工工法、施工组织的动态模拟及模型的三维展示等。

由于BIM建模技术经验总结及沉淀时间不够,在三维线路和三维地质建模中面临数据量大、精度要求高等方面的问题。目前,BIM三维建模缺乏统一标准,尤其是BIM技术在铁路行业中的应用尚处于探索阶段,因此编制铁路行业BIM三维建模标准是当务之急。BIM技术应用结合软件的二次开发实现了二维出图、工程量统计、信息附加等,因此加强二次开发也将是必然趋势。

7.2 中铁二院沪昆客专北盘江大桥工程

7.2.1 工程概况

北盘江特大桥是沪昆客专的重点控制工程,在贵州省关岭县和晴隆县之间跨越北盘江,主桥为445m上承式钢筋混凝土拱桥。引桥及拱上结构孔跨布置为:1×32m+2×65m T构+8×42m连续梁+2×65m T构+2×37m连续梁。北盘江特大桥效果图如图7-2-1所示。

图7-2-1 北盘江特大桥效果图

7.2.2 实施资源(图7-2-2)

本项目主要采用了达索和欧特克平台,硬件配置为HP Z800工作站+5台HP Z420工作站+2台HP EliteBook 8560w工作站。

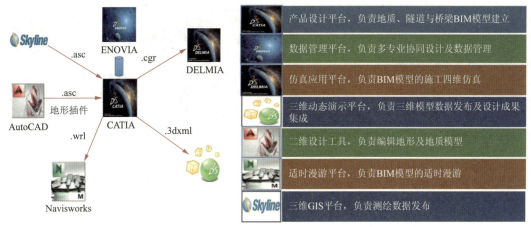

图 7-2-2　软件实施资源

7.2.3　实施过程

1）三维参数化建模

（1）地形和地质模型

通过逆向工程建立地形和地质三维信息模型,以爆炸视图的方式表现地质构造（图 7-2-3 和图 7-2-4）。

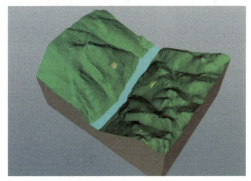

图 7-2-3　地形和地质模型

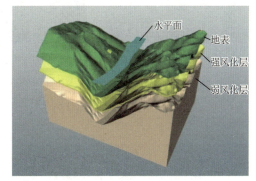

图 7-2-4　地形和地质模型爆炸视图

（2）模板与知识工程（图 7-2-5 和图 7-2-6）

采用骨架式建模思想,建立全桥模型的骨架,通过模板实例化实现构件在三维空间的定位。利用三维参变功能,实现构件的变形设计。通过知识工程模板的黑盒功能保护设计者的知识产权。

图7-2-5　杆件模板

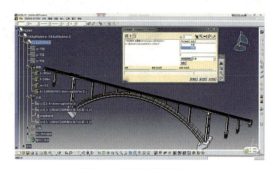
图7-2-6　拱圈知识工程

(3)模型轻量化展示

该桥拱圈拱轴线为悬链线(双曲余弦函数),拱轴系数$m=1.6$。拱圈为单箱三室、等高、变宽的钢筋混凝土箱,拱圈高度9.0m,拱顶315m段为18m等宽,拱脚65m段为18～28m变宽,拱圈变宽由边室宽度变化实现。

采用3DVia Composer进行模型轻量化展示,如图7-2-7～图7-2-9所示。

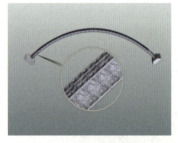
图7-2-7　拱圈模型

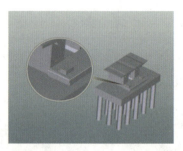
图7-2-8　桥台模型

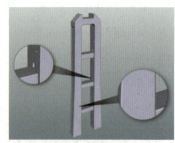
图7-2-9　交界墩模型

全桥为无砟轨道,桥面两侧安装了新型的挡风栏杆(其中栏杆采用机械钣金技术建模),如图7-2-10和图7-2-11所示。

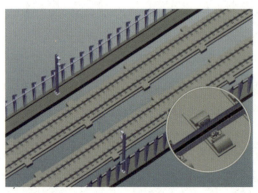
图7-2-10　桥面系模型

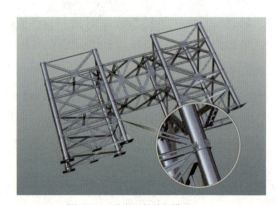
图7-2-11　节段劲性骨架模型

此处采用爆炸视图再现轨道复杂结构,如图7-2-12和图7-2-13所示。

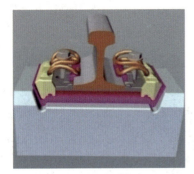 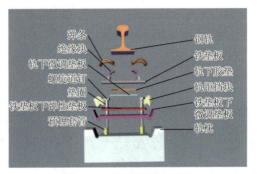

图7-2-12　轨道模型　　　　　　图7-2-13　轨道模型爆炸视图

(4)地形图插件(图7-2-14)

图7-2-14　各种地形模型对比

基于AutoCAD编制了等高线加密插件,针对CATIA开发了接口,实现了AutoCAD与CATIA的数据交换。

2)BIM在设计中的应用

(1)二维结构图

将指定的三维模型在二维工程图上投影、剖切并添加特定的标注构建出二维工程图模板,再使之与三维模型相关联,从而快速生成二维工程图(图7-2-15)。

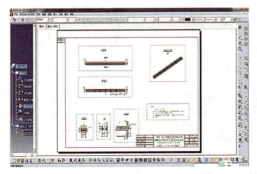 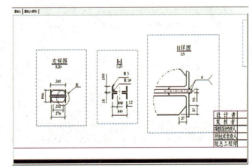

图7-2-15　杆件二维工程图

（2）二维钢筋图

直接在三维模型中创建钢筋各截面的二维布置图，不再采用投影三维实体模型出图的方式，应用不同的几何图形集单独管理各截面图，二维出图时投影不同的几何图形集即可。在完成工程图后把模型文档创建为CATIA文档模板，并挂接工程图，即可实现同一类型的钢筋布置图快速重复利用，修改参数即可得到新类型的钢筋工程图（图7-2-16和图7-2-17）。

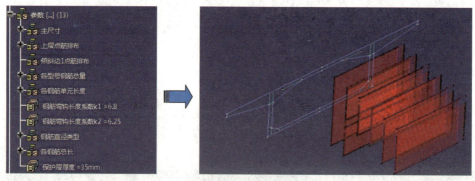

图7-2-16　箱梁二维钢筋图模板

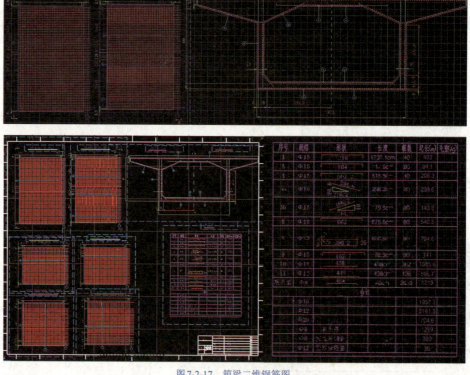

图7-2-17　箱梁二维钢筋图

(3) 工程量统计

采用 BOM 表功能快速统计节段劲性骨架工程量，如图 7-2-18 所示。

图 7-2-18　利用 BOM 快速统计工程量

(4) 碰撞检查

通过碰撞检查功能，可以检测构件的接触和碰撞问题，如图 7-2-19 所示。

 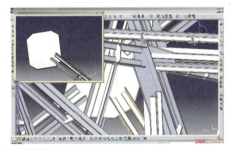

图 7-2-19　劲性骨架碰撞检查

(5) 设计模板库

通过建立桥梁设计库（图 7-2-20），实现了设计知识的记录、封装和积累，可以有效地保护企业知识产权。用户可以随时从设计库中选取需要的模板进行实例化，从而极大地提高了设计效率。

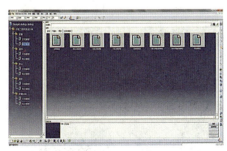 

图 7-2-20　桥梁设计库

(6) 大模型数据管理（图 7-2-21）

利用协同设计系统可以将通用零件库、标准件库统一管理调用。减少计算机资源消耗

的方式包括:

①高速缓存模式可以后台实现模型轻量化。

②上下文追加模式快速构建设计环境。

③实时数据卸载减轻计算机负担。

图 7-2-21　大模型数据管理

(7)产品数据管理(图 7-2-22)

利用 ENOVIA VPM 协同设计系统的产品数据管理功能(PDM),可以实现设计模型、二维图纸和各种文档的统一管理。

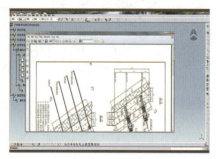

图 7-2-22　产品数据管理

(8)拱圈外包混凝土普通钢筋(图 7-2-23)

采用 CATIA 的知识工程建立了拱圈外包混凝土三维空间参变的普通钢筋模型。

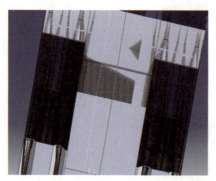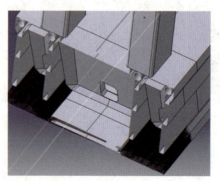

图　7-2-23

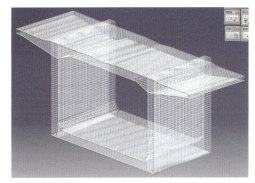

图 7-2-23　拱圈外包混凝土普通钢筋

（9）外包混凝土施工仿真（图 7-2-24）

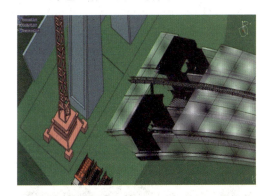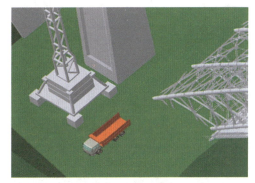

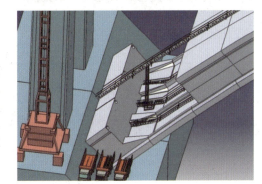

图 7-2-24　外包混凝土施工仿真

3）BIM在施工中的应用

对北盘江特大桥设计模型进一步处理后应用于施工阶段，采用Delmia和Composer进行了门式起重机杆件预拼装（图7-2-25）、施工工序优化（图7-2-26）、吊装辅助定位（图7-2-27）、劲性骨架吊装（图7-2-28）和拱圈外包混凝土的施工应用（图7-2-29）。

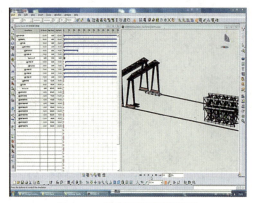
图7-2-25 门式起重机杆件预拼装

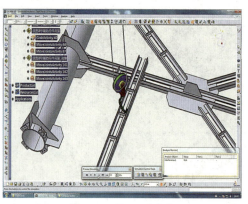
图7-2-26 施工工序优化

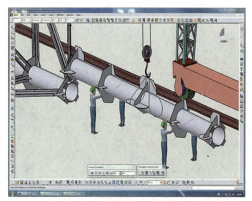
图7-2-27 吊装辅助定位

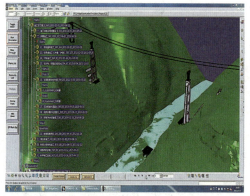
图7-2-28 劲性骨架吊装

图7-2-29 外包混凝土施工

7.2.4 成果交付

项目建立了大量的设计及施工辅助设施模型,项目实施过程中设计单位向施工单位交付的成果主要有二维施工图(AutoCAD)、施工精度的三维模型(CATIA 和 Composer)、附属信息文件(SQL Server/Excel)。

7.2.5 小结

沪昆客专北盘江特大桥的试点应用表明 BIM 技术应用于桥梁专业是可行的,同时也取得了一定的经验。

(1)与传统的二维设计相比,参数化、三维协同设计和模型信息传递是建立 BIM 模型的基础条件。

(2)现有的软件平台各具特色,但都无法完全满足铁路桥梁 BIM 应用的要求,需要进行大量的二次开发。

(3)不同软件平台及同一平台的不同软件间信息互通不畅,短期内可采用几何模型与信息分离的过渡方法来解决此问题。

(4)由于缺乏成熟的 BIM 模型管理平台,北盘江特大桥在运营维护方面的 BIM 应用较少。

7.3 中铁二院西成线江油北站路基工程

7.3.1 工程概况

为探索 BIM 技术在铁路路基工程中的应用,结合西成线江油北站开展 BIM 应用示范研究,解决路基建模、数字化施工及管理平台三大关键问题,为提高路基施工质量和效率、解决路基沉降控制问题寻求 BIM 解决之道。本工程里程范围为 D4K475+103～D4K476+958,全长约1.8km,属于站场路基、填方路堤,平均填高11m,如图7-3-1所示。基于 BIM 技术的路基连续压实试验段范围为 D4K476+100～D4K476+380,全长280m,平均宽度60～80m。该项目自2013年6月开始策划,由中铁二院工程集团有限责任公司牵头,合作单位包括中铁二局集团有限公司、中铁天宝数字工程有限责任公司、西成铁路客运专线四川有限公司、北京铁城建设监理有限责任公司等,并于2014年6月7日—6月8日顺利开展了现场观摩展示,前后历时近1年。

通过本次试验,一方面实现了 BIM 模型在施工和展示中的应用,另一方面实现了施工数据和模型的实时对接,取得了阶段性成果。该项目应用经验将为基于 BIM 技术的施工工法编制及推广 BIM 在施工中的应用提供重要参考。

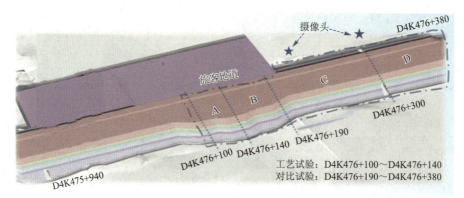

图 7-3-1　西成线江油北站路基工程 BIM 应用工点示意图

7.3.2　实施资源

1）团队组建

成立铁路路基 BIM 应用课题组，由中铁二院牵头，中铁二局与中铁天宝配合，建设单位、监理单位等相关单位参与，天宝中国 HCC 团队与 SITECH 团队提供现场指导，共同组成研究团队，前期需做好各单位沟通协调工作，并进行现场调研，为后期各项工作的有序开展奠定基础。各单位分工及职责见表 7-3-1。

各单位分工及职责　　　　　　　　　　　　　　　表 7-3-1

单	位	分工及职责
中铁二院	领导小组	①总体牵头、沟通协调、团队领导； ②对课题进行团队组织和整体控制，推进各项工作开展； ③协调课题所需各项资源，领导解决各项问题； ④组织开展课题的准备、开展、汇报、总结/验收、发表/发布等工作； ⑤协调提供专业支持及所需相关文档，如设计文件等； ⑥对成果及其推广进行引导
中铁二院	设计组	①测绘专业提供地面地表模型； ②地质专业提供地质 BIM 模型； ③线路专业提供线路三维模型； ④房建专业完成车站建筑 BIM 建模； ⑤路基专业完成路基 BIM 建模并交付数字化施工所需数据； ⑥路基专业完成 BIM 模型渲染及施工模拟等工作
中铁二院	施工组	配合完成现场数字化施工
中铁二局		①具体执行现场各项施工活动； ②与中铁天宝共同进行试验专题的策划、选址、准备、开展、汇报、总结与验收等工作； ③提供专业支持及相关文档，如设计文件等； ④落实所需资源并为试验专题创造有利条件； ⑤现场活动支持与配合、现场后勤保障

续上表

单　位	分工及职责
中铁天宝	①确保试验专题数字工地系统的稳定、高效工作； ②全程参与现场各项施工活动，提供现场支持； ③与中铁二局共同进行试验专题的策划、选址、准备、开展、汇报、总结和验收等工作； ④开展非施工活动，如数据搜集与整理、现场调研等
相关单位 （建设单位、监理单位）	①配合参与试验专题相关活动，提供必要的反馈； ②为试验专题的开展提供各种支持

2）人员培训

由于路基专业BIM实际应用经验欠缺，在项目开始之前开展针对路基工程的CIVIL3D、REVIT、CATIA等建模方法的培训与交流。通过培训，一方面掌握不同软件平台建模方法，另一方面总结各平台的优缺点，为选择合适的路基BIM应用设计平台提供参考依据。

3）平台选择

考虑到路基主体工程为线性带状实体，且与地形关联度较高，需以横断面控制建模，现阶段可选用欧特克平台，具体介绍如下。

（1）硬件配置

①服务器端：Intel Xeon E5及以上处理器，至少8GB内存，1TB硬盘；Microsoft Windows 2003 Server Standard Edition（English）、IIS6.0和all Language Packs、Microsoft Windows 2003 Server Service Pack 1、DVD驱动器。

②客户端：配有8M三级缓存并且支持6.4GT/s和Turbo技术的英特尔至强W3570四核处理器或同等性能的AMD处理器，8G内存，独立显卡（1G），1TB硬盘；Microsoft Windows 7 64位Enterprise版（企业版）、Ultimate版（旗舰版）、Professional版（专业版）或Home Premium版（家庭高级版），Microsoft Internet Explorer 7.0及以上版本浏览器。

③网络系统：基于TCP/IP协议以太网。

硬件推荐配置实例见表7-3-2。

硬件推荐配置实例　　　　　　　　　　　　　表7-3-2

硬件名称	BIM设计高端工作站	辅助设计、绘图中端工作站	数据管理服务器
CPU	Intel Xeon W5580，3.20GHz/8MB，二级缓存，6.4GT/s	四核英特尔至强处理器，E5420，2.5GHz/1333MHz，前端总线/12MB，二级高速缓存	PowerEdge 2950，Quad-Core Intel Xeon X5460，2×6MB Cache 2 CPU
内存	24GB（6×4GB），DDR3 RDIMM内存，1066MHz，ECC	8GB（8×1GB），667MHz，ECC四通道，DDR2全缓冲，DIMM内存	16GB（4×4GB），DDR-2 667MHz ECC 2R Fully-buffered Memory
显卡	1.5GB PCIe×16 nVidiaQuadro FX4800，支持电视端口，显示器DVI	1.5GB GDDR3 PCIe×16 nVidia Quadro FX 4800，DVI	
硬盘	1TB SATA（7200r/min）硬盘	750GB（7200r/min，3.0GB/s，支持NCQ）SATA硬盘	4×300GB，2.5英寸，10000r/min SAS Hard Drive

续上表

硬件名称	BIM设计高端工作站	辅助设计、绘图中端工作站	数据管理服务器
显示器	双显示器，24英寸宽屏液晶显示器（DVI）	双显示器，24英寸宽屏平板液晶显示器	17英寸宽屏平板液晶显示器
操作系统	Microsoft Windows 7，64位，Enterprise版	Microsoft Windows 7，64位，Enterprise版	Microsoft Windows Server 2008×64 Enterprise Ed. Eng（25 CALs），FI
网卡	集成千兆网卡	集成千兆网卡	集成千兆网卡

（2）软件配置

使用 Autodesk Infrastructure Design Suite 2014 旗舰版，包含项目 BIM 设计所需的各款软件的最新版本。

4）施工资源

施工资源包括：①现场施工指导人员、技术支持、试验人员；②数字化施工机械（现场需要配置的机械包括挖掘机1台、推土机1台、平地机1台、压路机2台）的安装及调试；③通信网络及视频监控系统的安装及调试；④数字工地交互平台的搭建、现场与远程的数据交互调试等。

7.3.3 实施过程

1）设计阶段

（1）三维建模

使用Civil3D软件（图7-3-2）进行三维建模，由路基设计小组负责完成，技术方案如下：

①根据线路平面数据建立线路。

②根据纵断面图建立纵断面。

③采用部件编辑工具构建本工点典型装配横断面。

④按装配横断面类型及对应里程范围初步生成道路。

⑤设置采样线，其位置与二维设计图中各横断面一致。

⑥按控制点位置生成特征线，调整三维设计道路各横断面与二维设计图中一致。

⑦生成包含路基顶面及两侧坡面的分层（30cm曲面），导出Landxml文件提交给天宝用于数字化施工机械输入数据预处理。

⑧生成分层路基实体，供后期施工模拟、信息集成及效果展示使用。

第7章 BIM应用典型案例

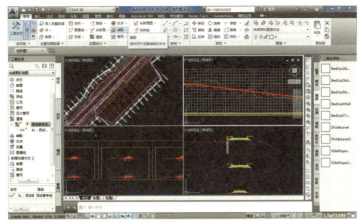

图7-3-2　西成线江油北站路基工程BIM建模平台

（2）模型后处理

使用3Dmax软件，将Civil3D路基压实模型转为实体，导出为3Dmax格式。完成3Dmax中路基实体模型的完善及美化，完成后导入自主开发的路基BIM应用平台。使用Navisworks软件制作该工地完整施工模拟动画，用于平台展示。

2）施工阶段

（1）总体方案

如图7-3-3所示，首先在现场架设无线通信网络、定位基站等数字化系统来实现工地现场的网络通信和定位全覆盖。其次通过内业系统接收来自BIM模型的设计数据并对设计和施工任务进行配置，同时传输给安装在施工机械上的引导与控制系统，指导机械施工。现场需要配置的机械包括挖掘机1台、推土机1台、平地机1台、压路机2台，其中平地机需要实现

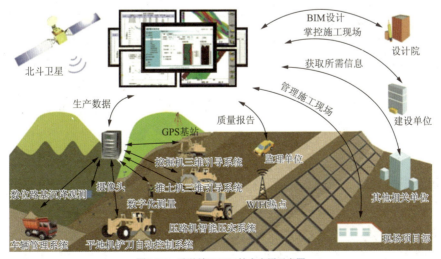

图7-3-3　路基施工BIM技术应用示意图

自动铲刀控制,推土机尽量实现铲刀自动控制。再次,机械施工过程中的全部关键数据将被实时采集并传输到后台数据库进行存储、分析、挖掘与备份,按照我国铁路行业的相关规范生成相关报表用于用户交互。最后,这些数据将被动态、实时地传输到BIM模型数据库,以实现BIM模型的远程应用。

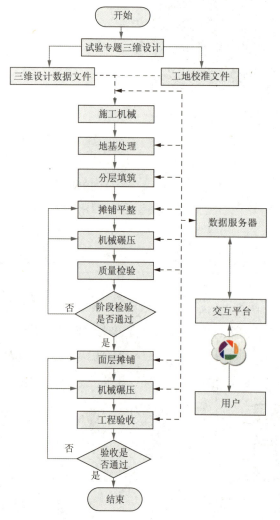

图7-3-4 基于BIM技术的施工组织流程图

(2)施工组织

数字工地将在现场建立和使用,包括数字化测量系统(GPS)、机械引导与控制系统(推土机、挖掘机、压路机引导系统)、无线网络通信系统(WiFi网络)、数据挖掘、交互平台等,基于BIM技术的施工组织流程图如图7-3-4所示。

(3)模拟及验证

①施工前利用真实设计文件进行办公室环境下的模拟。

②施工前在现场进行系统验证,包括网络覆盖、网络接入和系统预演等。

(4)目标压实参数确定

参考连续压实规范相关规定,在试验段开始数字化施工的前几层压实过程中(通过系统预演及连续压实参数采集)结合传统检测手段分步确定出目标压实参数,施工单位按分遍、分层的要求进行配合。

(5)正式数字化施工

根据获得的目标压实参数,指导机械逐层压实各层,期间根据需要采用传统方法进行压实薄弱区检测,并采用视频录制、现场记录、系统记录等多种方式完整、真实记录试验段全过程,完成过程数据搜集。

3)运营维护阶段

基于三维GIS系统开发了路基BIM应用三维GIS平台,如图7-3-5所示。

(1)三维场景

三维场景范围为西成线江油北车站段,沿线路方向里程范围为D4K472+000～

D4K479+000,线路中线左、右侧各2000m。具体方案如下:

①用前期航测制图所使用的黑白航片制作正射影像。

②购买0.7m分辨率单片彩色影像进行纠正。

③黑白影像与购买的彩色影像融合。

④沿线三维地形场景的生成。

⑤三维场景中导入已建好的三维路基模型。

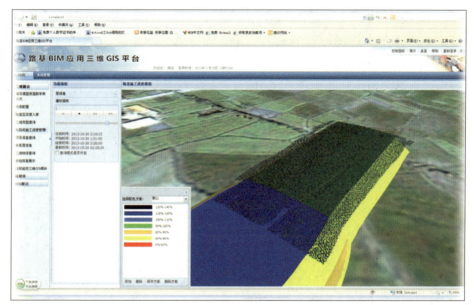

图7-3-5　路基工程BIM三维GIS平台

(2)远程监控三维GIS平台

①整体架构采用B/S模式。

②施工现场视频接入和演示。

③施工步骤模拟视频循环播放。

④沿线三维地形场景演示及路基属性信息查询。

⑤路基施工动态模拟。

7.3.4　成果交付

(1)Civil3D路基BIM模型(DWG格式)

测绘数据整理及三维地形、路基本体建模、路基施工模型建模、地质三维模型、路基附属构造建模(地质、测绘、地基处理、支挡结构、排水沟、护坡结构、土工格栅、地下通道、涵洞、站房、轨道)等。

(2)Civil3D装配(PKT格式)

即路基标准横断面,包括标准基床表层+底层部件、过渡段基床表层+底层部件、站台基床表层+底层部件(无挡墙)、站台基床表层+底层部件(挡墙)、路基本体部件、路基施工分层部件。

(3)LandXML路基摊铺数据模型(LANDXML格式)

(4)原始3DS格式路基分层施工模型(MAX格式)

(5)Navisworks路基BIM模型(NWC/NWF格式)

(6)路基专业BIM解决方案(PDF格式)

包括路基本体及附属构造建模方法(地质、测绘、地基处理、支挡结构、排水沟、护坡结构、土工格栅、地下通道、涵洞、站房、轨道)及相应PDF文档。

7.3.5 小结

从西成线江油北站路基BIM应用实践情况来看,BIM技术应用于路基专业是可行的,也是必要的。

(1)以BIM为核心理念的数字化三维技术给工程建设企业生产及管理效率提升带来新的驱动力,可以帮助企业更准确、更有效地控制工程建设过程,优化设计流程,控制施工质量和简化运营管理,从而提高工程质量,降低建设成本。

(2)由于路基专业点多面广,设计、施工、运营维护中信息应用和交换不及时、不准确的问题造成了大量人力、物力的浪费和风险的产生。建立路基三维模型能直观展示设计效果,能有效检查设计中的错漏,并可用于指导数字化施工,控制施工质量。

(3)与隧道、桥梁相比,路基专业已经积累了一定的数字化施工技术基础,可实现BIM模型与施工机械控制模块输入数据的转换,有利于尽快推动BIM在施工中的应用,打通BIM应用于铁路全生命周期的重要一环,也为后续运营阶段BIM应用奠定基础。

(4)目前铁路领域全生命周期BIM应用缺乏实践,不利于相关工法、规范及标准的编制,通过路基专业BIM应用实践完成勘测、设计、施工和运营全过程,将对相关标准编制提供重要参考。

(5)以BIM模型为纽带,可实现路基BIM建模及模型在施工和展示中的应用,同时可实现施工过程实时监控从而加强施工质量控制。该技术有望推广到公路、机场、港口、市政和水电等专业,尤其是在土方开挖量较大的工程建设项目中应用前景广阔。

7.4 中铁一局北京地铁苏州桥车站工程

7.4.1 工程概况

由中铁一局北京分公司承建的北京地铁16号线苏州桥站位于西三环北路和北三环西路交汇处苏州桥西北侧,跨长春桥路南北向设置,在路口4个角均设置出入口,周边分布有北京理工大学、北京电视台和万柳居住区等,与在建地铁12号线苏州桥站实现换乘,如图7-4-1所示。车站结构形式为叠落侧式车站,双层三跨钢筋混凝土结构,车站总长238.1m,为全暗挖车站,采用洞桩法施工,车站两端为盾构区间。地铁16号线苏州桥站主体为暗挖双层站台,地铁12号线苏州桥站为双层暗挖岛式车站,12号线区间下穿16号线车站。该站施工场地条件受限严重,地下各类管线交错复杂。采用洞桩法暗挖施工工序复杂,对施工管理的要求较高。工程场地四周分布有重要的建筑物,需加强沉降监测以保障施工安全。

图7-4-1 工程位置平面图

7.4.2 BIM应用实施方案

1)应用的BIM软件(表7-4-1)

应用的BIM软件　　　　　表7-4-1

软件名称	软件版本	使用功能
Autodesk Revit	2014	建立BIM模型,施工图出图
Google Sketchup	Pro.8	建立细节放样模型

续上表

软件名称	软件版本	使用功能
3Dmax	2012	建立异形模型
Autodesk Navisworks	2014	实现碰撞及三维漫游
Microsoft Project	2010	编制项目进度计划
4D BIM施工管理系统	2014	集成BIM模型与进度计划,实现施工过程模拟、动态施工管理与沉降监测

2)BIM应用流程(图7-4-2)

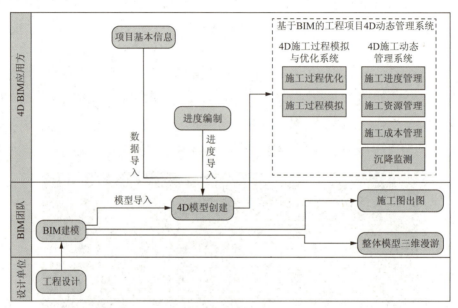

图7-4-2　BIM应用流程图

7.4.3　BIM建模工作

针对苏州桥地铁站施工管理需求,建立了竖井、横通道、小导洞及车站主体等的BIM模型,并对模型进行了划分和处理。

1)主体结构BIM模型

建模范围包括与地铁车站暗挖施工相关的构筑物(包括开挖竖井、横通道和小导洞等)、地铁车站建筑体系(包括地铁车站主体结构的墙、梁、柱、板和钢筋模型等)、地铁车站钢筋结构模型等,苏州桥站整体模型如图7-4-3所示。

2)4D系统施工BIM模型创建(图7-4-4)

将设计模型运用到施工阶段,统一设置属性,构建模型批量生产,导入IFC,Revit模型批量导入4D系统,导入进度计划。

图7-4-3 苏州桥站整体模型

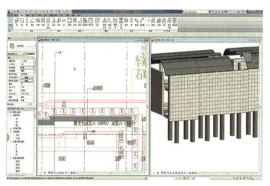 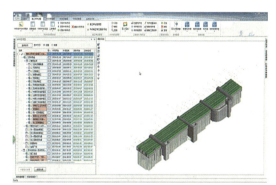

图7-4-4 4D系统施工BIM模型创建

3)整体模型三维漫游(图7-4-5)

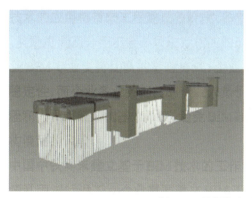 

图7-4-5 整体模型三维漫游

4)编制建模指导

针对地铁暗挖车站编制相应的建模及出图指导,对模型命名、出图样式等进行统一规范,支持多人协作建模与数据管理,如图7-4-6所示。

北京地铁16号线苏州桥车站
BIM出图应用

编制单位：中铁一局北京分公司
日期：2014年6月25日

目录

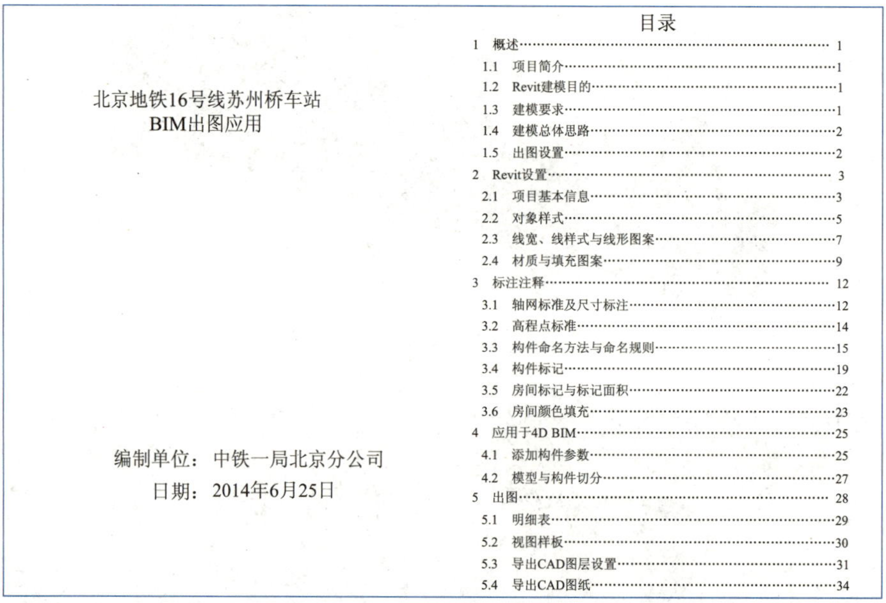

图7-4-6 出图指导书

7.4.4 基于BIM的4D施工管理

将BIM模型、进度计划集成到4D BIM系统中，实现了地铁暗挖复杂施工过程的模拟，并在此基础上完成施工进度管理和工程量的计算，实现了精细化的施工管理。

1）施工过程模拟

施工过程模拟可动态直观地展示施工过程，进度情况一目了然，如图7-4-7所示。

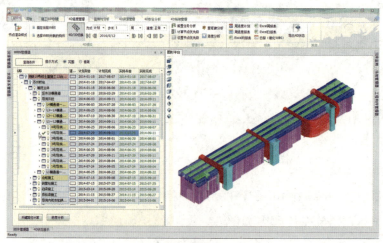

图7-4-7 施工过程模拟

2）WBS过滤（图7-4-8）

通过不同的条件控制WBS显示的精细程度，便于用户查看。

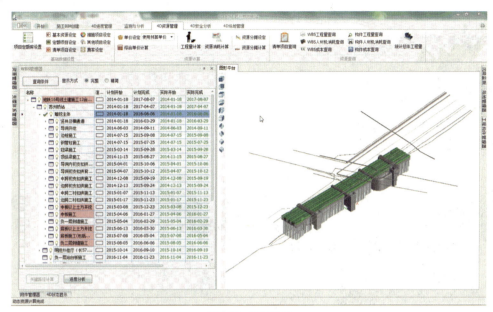

图7-4-8　WBS过滤

3）进度分析

通过进度分析可宏观查看工程的进度情况，如图7-4-9所示。

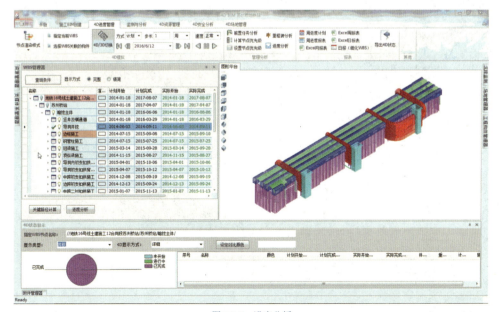

图7-4-9　进度分析

4)前置任务分析

用户可查询任意任务的所有前置任务完成情况等信息,辅助多单位之间的交流和协作,防止发生返工、窝工等问题,如图7-4-10所示。

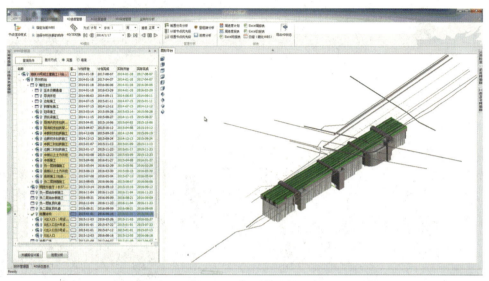

图7-4-10　前置任务分析

5)滞后分析

当某一任务延误后,4D系统会自动分析后续任务受到的影响,提醒管理者有针对性地管控进度,保证工期,如图7-4-11所示。

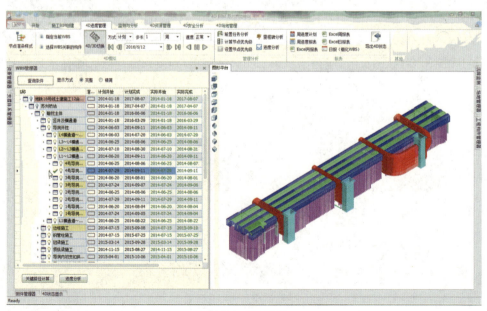

图7-4-11　滞后分析

6）4D资源管理

通过4D资源管理可查询任意WBS工程量统计信息，如图7-4-12所示。

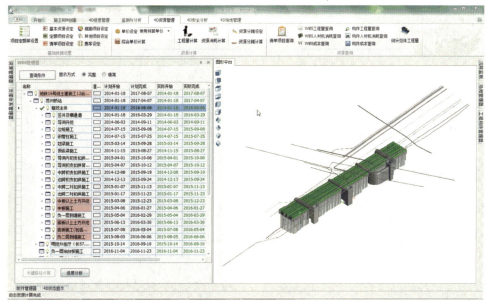

图7-4-12　4D资源管理

7）沉降监测（图7-4-13）

为苏州桥地铁车站施工开发的沉降监测功能，可将沉降监测点和每日监测数据导入4D BIM系统中，可自动分析每日沉降量和总沉降量，根据不同控制原则实现沉降的监测与预警。

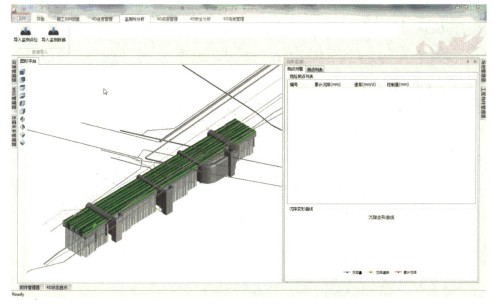

图7-4-13　沉降监测

在整个地铁车站施工现场和周围重要地点共设置了近400个监测点,监测数据每日采集1次。

7.4.5 应用价值

1)通过BIM应用解决实际问题

(1)施工工序优化

利用4D模拟演示施工过程,提前发现施工工序冲突与可优化之处,合理安排施工。

(2)3D交底

对复杂结构进行3D可视化交底,防止因施工人员对交底理解不清导致施工错误,造成返工。

(3)风险监测

地铁暗挖施工下穿市政管线较多,施工风险较大,通过3D模型与4D BIM系统的结合,能够快速处理监测数据,并能直观形象地掌握风险所处位置,有效控制施工风险。

(4)工程量自动提取

4D BIM系统能够根据选定的时间节点直接生成已完成工程量及计划工程量,为项目成本分析及物资采购计划提供准确依据,避免因物资材料短缺影响施工。

2)本工程BIM应用价值

(1)提高了个人工作质量和效率

本工程BIM应用提高了个人工作质量和工作效率,通过3D交底、4D模拟、工艺和方案比选优化,消除了现场工艺冲突,并实现了工程量自动计算。

(2)部门简单协同工作

利用BIM的可视化特点进行优化管理,开展基于BIM模型的可视化会议决策、技术讨论和方案比选等,实现了简单的协同工作。

(3)人才培养

通过苏州桥车站工程的BIM应用,培养了一批BIM技术人员,为公司后续广泛应用BIM培养了专业人才。

(4)经验积累

针对地铁施工特点,建立了BIM施工模型,编写了BIM建模指导,开发了基于BIM的4D施工管理系统,为地铁土建施工BIM技术应用积累了宝贵经验。

7.5 中铁一局杭州紫之隧道工程

7.5.1 工程概况

中铁一局五公司承建的杭州紫之隧道（紫金港路—之江路区间）工程位于杭州绕城高速与西湖景区之间，南北走向，南起之江路和之浦路，北至西溪路和紫金港路，如图7-5-1所示。

图7-5-1 工程位置示意图

该工程施工难度较大，主要体现为洞口长距离浅埋、偏压；有两处隧道露头；穿越F3、F4、F5等多处不良地质断裂带。

7.5.2 BIM应用软硬件配置

（1）需配备1台台式电脑（表7-5-1）、5台平板电脑和1台微型投影仪。

台式电脑性能参数　　　　　　　　　表7-5-1

硬件名称	型号
处理器（CPU）	英特尔Core i7-4770，3.40GHz，四核
主板	技嘉H81M-DS2（英特尔Haswell）
内存	8GB（金邦DDR3 1600MHz）
硬盘	希捷ST1000DM003-1CH162（1TB，7200r/min）
显卡	Nvidia GeForce GTX 750 Ti（2GB）

（2）主要使用的软件包括3DS Max 2012和Bentley Power Civil for country_08.11.09.501。

7.5.3 BIM工程数字化系统

1）平台系统架构（图7-5-2）

通过对行业适应性、技术性能、兼容性、知识重用性、协同设计性能和易用性等方面进行详细的比较，最终选择了Bentley。平台系统架构如图7-5-2所示，平台主界面如图7-5-3所示。

图7-5-2　平台系统架构

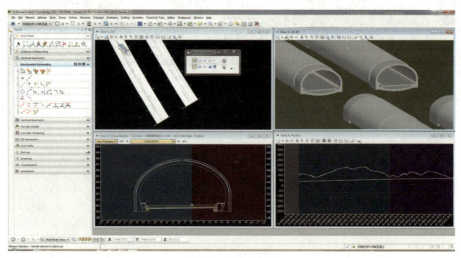

图7-5-3　平台主界面

2）建立参数化模型

（1）坐标系统及模型的精确定位

地理坐标系采用杭州市大地坐标系，高程系统采用1985年国家高程基准。

（2）参数化模型项目管理模式（图7-5-4）

由于隧道施工方案与围岩地质条件息息相关，因此精确建立隧道地形、地质模型是十分必要的。所以在整体参数化建模之初，首先应确定好坐标系统、高程系统，列出东西两条隧道起点与终点的高程信息、坐标信息以及与地质模型精确结合的高程、坐标控制点。

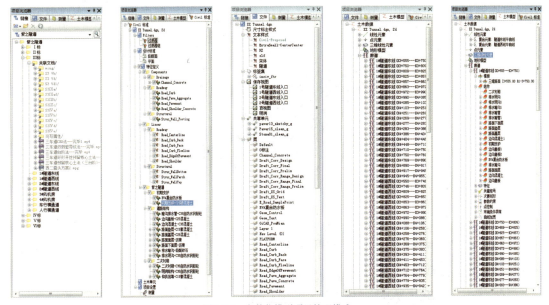

图 7-5-4 参数化模型项目管理模式

(3) 建立地质模型

修正和补全勘察单位提供的紫之隧道3标范围等高线,在 Bentley Geopak 中将等高线处理为数字三角网,并修正三角网,生成数字地面模型,如图 7-5-5 所示。

图 7-5-5 建立数字地面模型

将处理完毕的不同层级地质模型以及该区域所存在的断层信息整合为一体,形成紫之隧道3标地质模型,如图 7-5-6 所示。

(4) 建立结构模型(图 7-5-7)

对东线1号隧道、西线1号隧道、东线2号隧道和西线2号隧道主体进行了建模,并对6个人行横通道、8个车行横通道、3号、4号通风竖井和地下风机房进行了参数化建模。横断面实现全参数化设计,同时形成支护断面类型库文件,并与材料系统关联。横断面与平纵曲线相互关联,实现沿空间线路准确放样,不同衬砌段精准对接。

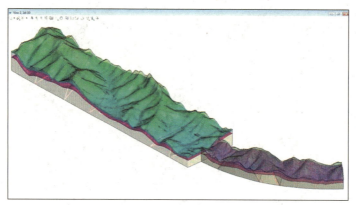

图7-5-6 紫之隧道3标地质模型

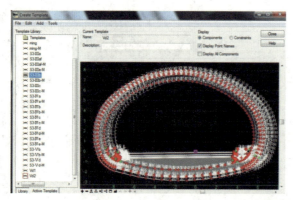

图7-5-7 建立结构模型

7.5.4 模型应用

现阶段已完成的应用点包括:

(1)按里程切取地形地质剖面,查询地质属性以配合施工方案的制定。

(2)根据隧道实际施工管理情况,按桩号实现模型管理。

(3)精确统计工程量,生成报表。

(4)实现了施工各类文档集成、关联模型和实时查询。

(5)通过平板电脑、i-model形式以及三维PDF模式实现了3D技术交底和模型漫游。

1)查询地质模型属性(图7-5-8)

2)切取隧道、地质剖面(图7-5-9)

支持选取不同衬砌段生成剖面图,也能够输入任意桩号得到剖面图,剖面图中可查询里程桩号、埋深和地质属性,多个视图保持联动。

第7章 BIM应用典型案例

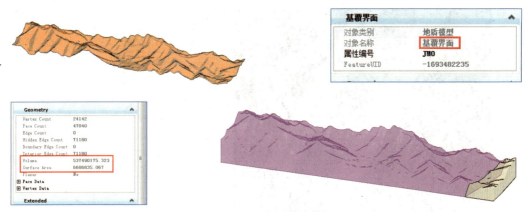

图7-5-8 查询地质模型属性

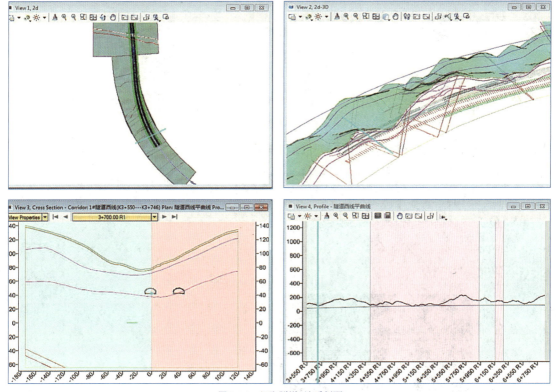

图7-5-9 切取隧道、地质剖面

3）桩号管理（图7-5-10）

按桩号实现菜单式的管理，并实现桩号间隔及样式能够自定义。

4）工程量管理（图7-5-11）

支持按不同的衬砌段生成工程量报表，按桩号1m间隔生成工程量报表。

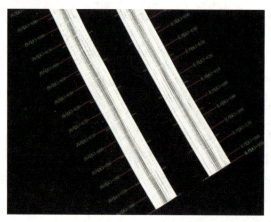 

图 7-5-10　桩号管理

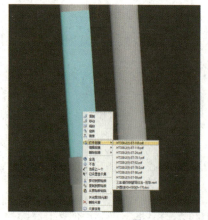 

图 7-5-11　工程量管理

5）施工文档集成和查询（图 7-5-12）

按不同围岩类型，整理了紫之隧道三标工程所需图片和多媒体资料，可在树形目录中查询，也可在模型中直接打开关联文档。

6）施工机械模型库（图7-5-13）

施工机械库可以作为施工企业的模板知识库，在做类似工程可快速得到所需的机械列表及机械相关属性信息。

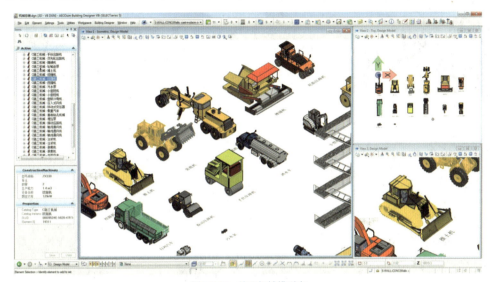

图7-5-13　施工机械模型库

7）模型漫游（图7-5-14）

主要采用平板电脑端进行模型漫游，可以在软件中自由地行走，全方位地查看模型以及附属的属性，相比电脑端来说，模型的可视化程度更高，更具有操作感。

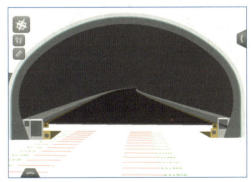 

图7-5-14　模型漫游

8）施工工艺演示（图7-5-15）

参照工艺工法设计文件内容制作了双侧壁导坑法、交叉中隔壁法、三台阶七步开挖法、中隔壁法、台阶法、仰拱和二次衬砌施工、环形开挖预留核心土法等施工动画演示，提高技术人员对施工流程的理解。

a）双侧壁导坑法　　　　b）交叉中隔壁法　　　　c）三台阶七步开挖法

d）中隔壁法　　e）台阶法　　f）仰拱、二次衬砌施工　　g）环形开挖预留核心土法

图 7-5-15　施工工艺演示

9）移动端的应用

将Power Civil中完成的所有模型发布成i-model，也可将Power Civil中完成的所有模型发布成PDF版，导入到平板电脑端中，该文档也可以在电脑端查阅，实现了工程师现场三维技术交底，如图7-5-16所示。

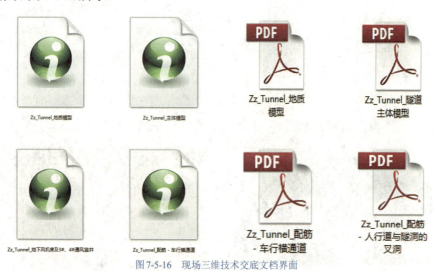

图 7-5-16　现场三维技术交底文档界面

7.5.5　应用价值

（1）传统2D图纸在现场施工人员正常读图过程中不能完全表现设计人员的设计意图，容易造成理解不到位，导致施工指导效果不佳。采用BIM技术可一定程度上减少此类原因引起的返工，避免不必要的经济损失。

（2）由于隧道施工与围岩地质条件息息相关，因而在本BIM项目中，通过勘测信息完成的地质模型与隧道主体模型的结合,可以实时掌控掌子面周边范围的围岩地质条件、埋深等情况,为施工方案的确定提供可靠的依据,同时增加施工的安全性,提高未知因素的可控性。

(3)参数化隧道模型数据的准确性,可增加工程量统计、成本分析、预算的准确性,降低数据偶然性引起的偏差,提高工作效率。

(4)因BIM项目的可视化程度高,在一定程度上是实际工程的具体展现,可以根据BIM项目完成的模型来进行实际施工现场的场地布置、人员配置,优化施工组织设计,为具体的施工方案提供可视化演示,有利于施工方案优化。

7.6 中铁一局广州环城际铁路2标东平新城车站工程

7.6.1 工程概况

广佛环线佛山西至广州南站段GFHFG-2标项目是中铁一局在珠三角地区的重点项目之一,线路正线长11.453km,高架段落和地下段落总长10.91km,占线路总长的95.25%。

本站为地下车站,是广佛江珠线与广佛环线的接轨站,车站里程范围为DK18+462～DK19+202,总计740m,为地下两层车站,与广佛江珠线同台换乘。本车站分两期实施,一期基坑长550m,二期基坑长190m,采用明挖顺筑法施工,西端1～33轴靠近佛山传媒侧,1轴端部采用1000mm厚地下连续墙+ϕ1200mm桩构成双排支护结构。33～63轴北侧靠近苏宁基坑,1～63轴南侧靠近佛山CBD开发地块,此两侧采用联合开挖方式进行大基坑同步施工,挖到苏宁和CBD基坑底后采用800mm厚地下连续墙进行支护。63～89轴采用1000mm厚地下连续墙+4道混凝土支撑+1道钢支撑换撑进行支护。东平新城车站主体BIM模型如图7-6-1所示。

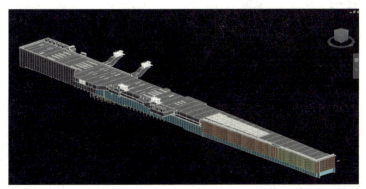

图7-6-1　东平新城车站主体BIM模型

7.6.2 BIM技术在项目全过程的应用计划（图7-6-2）

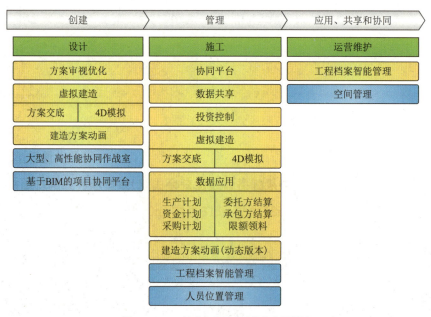

图7-6-2　BIM技术在项目全过程的应用计划

7.6.3 BIM应用软硬件配置

本工程BIM应用对计算机的要求为：i5处理器或者i7处理器，4G或者8G内存，Windows 7 64位操作系统；使用的主要软件包括Autodesk Revit 2014、Navisworks Manage 2014、3DS max等。

7.6.4 BIM应用情况

1）协同平台

启用工作共享，使团队成员同时对同一项目的不同部分进行分工处理，提高工作效率，共享平台界面如图7-6-3所示。

2）技术交底及图纸复核

直接使用模型对工程重难点部位、复杂节点部位等进行交底，通过对模型进行查看、旋转、剖切等操作可以快速地让技术人员对工程项目进行整体认识并达到沟通交流的目的。查看出入口及风亭如图7-6-4所示。

图7-6-3 工作共享平台

图7-6-4 查看出入口及风亭

3）打印出图

导出CAD文件（快速出图，图7-6-5），对所需部位的图纸进行简单的操作，如剖切所得剖面图，直接出图；对技术人员进行技术交底等。

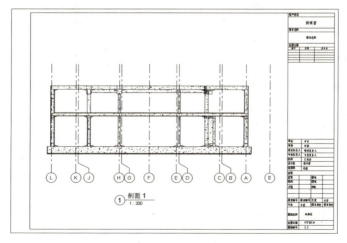

图7-6-5 导出CAD文件

4）施工模拟（图7-6-6）

根据施工进度计划进行施工模拟，优化施工组织安排，这种方法为施工过程管控及重点难点施工控制提供了指导，提高了安全及质量管理的效率。

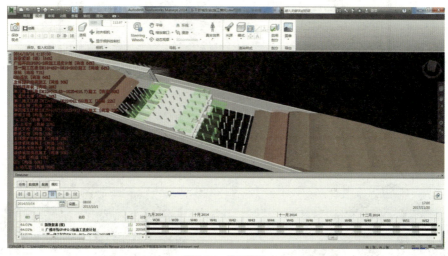

图7-6-6 施工模拟

5）工程量清单数据的应用（图7-6-7）

应用数据提取与导入插件功能可以快捷地将数据导成Excel表格，也可以将Excel表格数据快速导入模型，与模型进行关联。这种方法既解决了只能通过Revit软件单一修改的难题，又避免了很多技术人员对Revit软件不熟悉的问题，我们只需要通过修改Excel表格，导入数据即可，这大大提高了工作效率。

图7-6-7 工程量清单数据的应用

6）形象进度展示

加入工程量、工程计划、完成日期等可以用模型展示形象进度，并能清楚地看到项目已完成工程量和剩余工程量,更能有计划地掌握下一步工程投入情况。地下连续墙形象进度展示如图7-6-8所示。

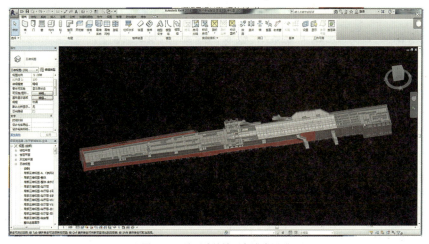

图7-6-8　地下连续墙形象进度展示

注:图中红色为已完成部分,其余为未完成部分。

7)使用移动设备管理施工现场

可使用手机以及平板电脑查看模型,并与现场施工对比,如图7-6-9所示。

图7-6-9　使用平板电脑进行现场施工对比

7.6.5　成本效益分析

1)投入成本

本工程BIM应用过程中投入的成本为:人员培训约5万元,硬件配置约5万元,其他费用约2万元,总计12万元。

2）效益分析

（1）应用BIM可提前发现图纸错误，提高对设计图纸理解的准确性，避免返工，提高工作效率，间接价值估算为200万元。

（2）应用BIM技术优化施工方案，间接效益约200万元。

（3）工程数量提取快速，避免了反复对工程量进行汇总计算，节省人力，提高工作效率，效益估算约10万元。

综上，产出价值总计约410万元，远期效益将更大。

7.7 中铁建工兰州国际商贸中心工程

7.7.1 工程概况

（1）工程名称：兰州国际商贸中心。

（2）建设单位：兰州东方友谊置业有限公司。

（3）工程地址：甘肃省兰州市七里河区西津西路16号。

（4）工程规模：总建筑面积60.4万 m^2，地下两层（含两个夹层），裙楼为地上2～7层，3栋超高层建筑（兰州中心高180m，兰州希尔顿酒店高140.15m，兰州SOHO高144.15m）。

（5）开工时间：2013年7月29日。

（6）竣工时间：2015年10月10日。

（7）施工单位：中铁建工集团有限公司。

7.7.2 BIM应用软硬件配置

1）软件配置（表7-7-1）

软件配置　　　　　　　　　　　　　　　　　　　　表7-7-1

软件类型	软件名称	最有效的功能	最需改进的功能
三维建模软件	Autodesk Revit 2014	参数化模型；模型信息全；适用性强；可视化程度高；数据协同性强	钢筋建模难度大；梁柱节点无法精确计量
模型整合平台	Navisworks Manage 2014	碰撞检查；施工漫游；施工模拟	渲染需要硬件；配置太高；输出效果偏差

续上表

软件类型	软件名称	最有效的功能	最需改进的功能
二维绘图软件	AutoCAD 2014	配合完成BIM工作	
文档生成软件	Microsoft office	配合完成BIM工作	
斯维尔三维算量	THS-3DA 2014	钢筋算量方便准确	无法与Revit对接
机电建模软件	MagiCAD	基于机电专业软件化;专业建模效率较高	与Revit对接模型整合

2)硬件配置(表7-7-2)

硬件配置　　　　　　　　　　表7-7-2

名称	类型
处理器	Intel Core i7-4930K,3.40GHz
安装内存	64.0GB
显卡	NVIDIA GeForce GTX 780
硬盘	Samsung SSD 840 EVO 120G WDC WD10EFRX-68PJCN0(1TB,7200r/min)
显示器	Samsung S24C300
硬件设备数量	6台

7.7.3 BIM应用情况

1)项目应用BIM技术的原因

兰州国际商贸中心项目总建筑面积超过60.4万m^2,为兰州市最大的综合体工程之一,本工程特点为施工场地小,场地布置难度大,交叉作业范围大,钢结构、高支模、超高层混凝土泵送、大体量综合,机电管线排布复杂,施工图纸变更频繁,工程量核算复杂等。为保证工程顺利进行,项目应用BIM技术,提前规划,重点模拟,化繁为简,减少返工,将BIM技术应用于工程建设全周期。

2)项目BIM应用内容和解决的问题

(1)利用BIM技术进行设计图纸优化

通过设计单位提供的二维CAD图纸建立三维BIM模型,在建模过程中发现同一轴网上下层不一致、地下部分与地上部分柱子错位、梁上起墩、主次梁交接不合理、图纸标注错误、楼梯与结构梁净空不足、坡道净空不足、型钢深化不合理等问题。

①土建设计图纸问题(图7-7-1和图7-7-2)

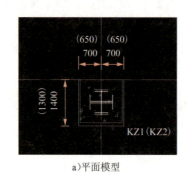

a)平面模型　　　　　　　　　b)三维模型

图7-7-1　上下层钢柱错位(尺寸单位:mm)

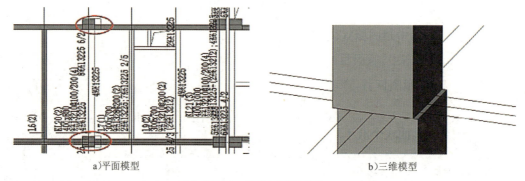

a)平面模型　　　　　　　　　b)三维模型

图7-7-2　混凝土结构柱错位

②机电图纸会审(图7-7-3)

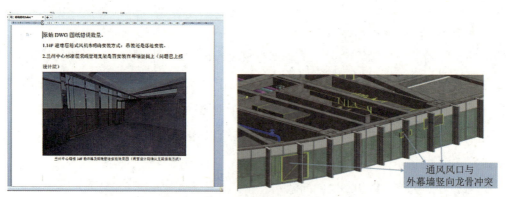

图7-7-3　通风风口与外幕墙竖向龙骨冲突

(2)利用BIM进行施工现场布置(图7-7-4和图7-7-5)

①由于施工场地非常有限,体量太大,现场群塔作业繁忙,为了避免出现施工安全事故,建立BIM模型,对群塔的高低差、覆盖范围预先模拟运行分析,以进行更加合理的布置。

②对现场未施工区域拟建造农民工生活区,由于此部位结构形式复杂,普通二维图纸不

能直观体现出结构之间的关系。通过建立BIM模型，找出布置板房的合理位置，发现洞井，提前做好安全防护，合理规划现场通道。

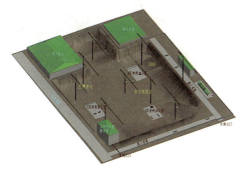
图7-7-4　现场三维平面施工布置图

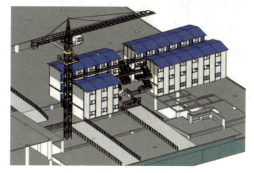
图7-7-5　生活区与施工现场合理布置

（3）施工现场流水区段划分（图7-7-6）

由于现场施工单层作业面为6.6万 m^2，划分为58个施工流水段，通过建立BIM模型，在模型中划分流水段。BIM模型的应用改变了手工算量并填写混凝土生产预约单的方式，做到了精确算量，可严格控制浪费，节约成本。

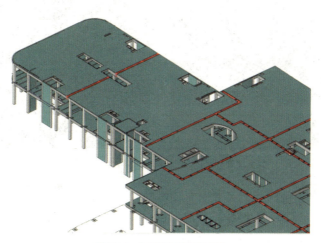
图7-7-6　合理划分施工流水段

（4）利用BIM进行施工模拟

①型钢结构与混凝土结构施工工艺模拟（图7-7-7）

本工程有型钢混凝土组合结构、钢筋混凝土结构、型钢与钢筋混凝土的交叉作业。为了帮助施工作业人员掌握施工流程，保证施工精度，建立了型钢、钢筋参数模型，现场对各个复杂施工区域进行三维交底，保证了施工质量及进度。

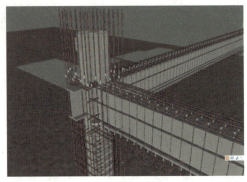 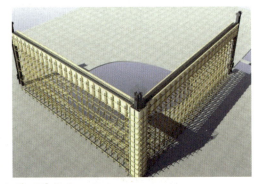

图7-7-7　型钢与钢筋混凝土模型

②高支模施工节点工艺模拟(图7-7-8)

本工程高支模部分超过9处,为了使高支模施工能够安全有序地进行,预先进行三维架体排布,确定安全网铺设位置、混凝土分层浇筑高度、剪刀撑位置及间距、梁柱节点加固方式,对顶托自由端超长部位进行调整,最后制作施工模拟动画对现场作业人员进行交底,明确注意事项。

图7-7-8　高支模架体参数模型

(5)利用BIM技术进行施工进度控制及分析

通过进度模型分析,综合考虑施工流水段施工,确定优先施工区域。根据对模型进度的控制确定施工产值,使形象进度更加可视化、直观化,如图7-7-9所示。

(6)BIM施工模拟

通过超前施工模拟,对爬架顶升、塔式起重机附墙、人货电梯附墙位置及时间进行分析,确定合理的时间及位置,保障施工进度。塔楼施工模拟如图7-7-10所示。

(7)方案优化和技术交底

通过模型的直观可视性对复杂节点的工序排布、施工难点进行优化并进行三维交底。

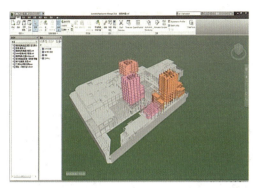 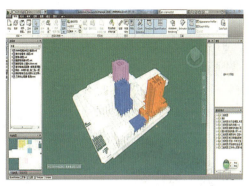

图7-7-9　现场整体进度三维模型

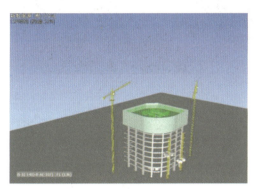 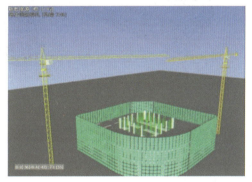

图7-7-10　塔楼施工模拟

①兰州中心海底世界

兰州中心海底世界的预留孔洞、异形构造和混凝土强度等级均较多，通过建立BIM模型（图7-7-11），发现了建筑与结构之间的问题，确定异形构造的支模方案及混凝土浇筑方案，通过对不同强度等级混凝土设置不同颜色，可以更容易辨认出不同强度等级混凝土的浇筑位置。

图7-7-11　海底世界结构与建筑模型

②消防水池与旋转汽车坡道相结合

希尔顿酒店消防水池结构形式较复杂，为保证混凝土连续浇筑不产生施工冷缝、跑模胀模等不良后果，利用BIM模型对支模体系、混凝土浇筑面内外标高、放坡比例、施工顺序等进行逐一分析，并利用三维施工模拟进行交底，从而保证了施工质量（图7-7-12）。

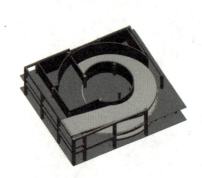

图7-7-12　消防水池与汽车坡道三维模型及三维交底

③方案优化和泵管布置（图7-7-13）

由于施工现场面积狭窄，可泵送点选择有限，综合考虑塔式起重机、场内交通、生活区环境等因素，确定合理的泵送点，明确泵管加固方式及附墙位置，确定裙房泵管分流位置，以节约泵管，降低成本。

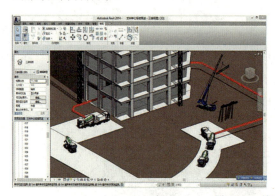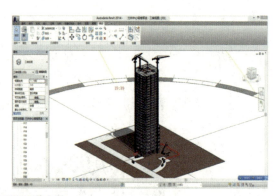

图7-7-13　施工现场泵管布置

④BIM二次砌筑样板（图7-7-14）

通过建立BIM模型，对标准层进行BIM样板砌筑，明确构造柱位置，改变以往使用CAD排砖的方式，利用三维模型排砖更加真实、形象。

⑤机电管线排布BIM样板（图7-7-15）

通过建立机电模型并和土建模型整合，完成碰撞调整，综合管道排布，生成管道支架及加工图。

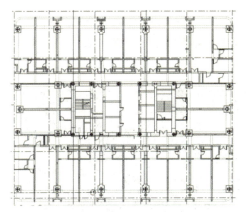 

图 7-7-14　BIM 砌筑样板层

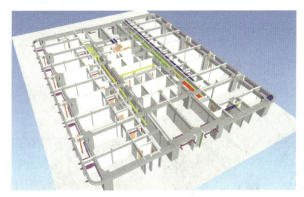

图 7-7-15　BIM 机电样板层

⑥塔楼幕墙、裙房网架优化

建立塔楼外幕墙 BIM 模型,发现幕墙预埋位置有偏差,对幕墙效果进行可视化分析和优化以达到最佳效果。本工程裙房网架全为变截面不等高异形结构,二维图纸指导施工困难较大,且容易出错。通过计算体量建立三维模型(图 7-7-16),明确网架结构形式,可更加直观地指导施工,且做到了对网架材料的精确算量。

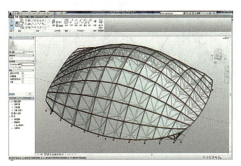 

图 7-7-16　幕墙、裙房网架三维模型

⑦现场施工安全管理和三维技术交底

针对现场安全防护进行BIM三维交底,做到规范化、标准化、可视化施工,使得现场作业人员更易理解,方便管理人员交底,如图7-7-17所示。

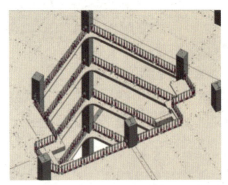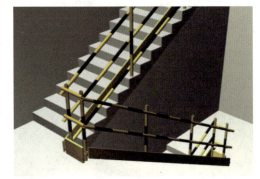

图7-7-17　安全防护三维模型

(8)动态漫游(图7-7-18和图7-7-19)

通过在模型中进行动态漫游,充分了解建筑结构及机电间的关系,及时发现不合理的内容,并尽早做出改进,减少后期人材机的浪费。

图7-7-18　室内动态漫游

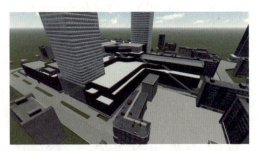

图7-7-19　室外动态漫游

(9)工程量统计分析

①提取各构件信息,便于物资提料,有效控制现场材料使用情况,工程材料明细如图7-7-20所示。

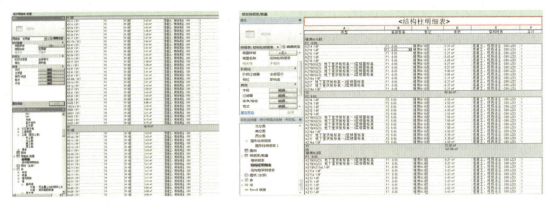

图 7-7-20 工程材料明细

②可按模型中划分好的流水段计算和提取混凝土工程量,配合完成成本三算工作。各施工流水段混凝土工程量如图 7-7-21 所示。

 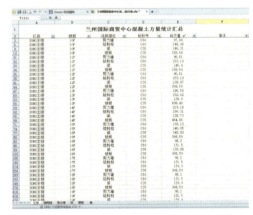

图 7-7-21 各施工流水段混凝土工程量

③提取钢筋工程量配合完成成本三算工作(图 7-7-22)。

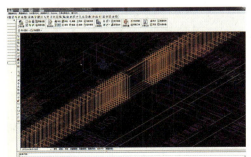 

图 7-7-22 钢筋三维模型及配料单

可视化的三维钢筋模型使得现场质量验收更加简单快捷,质量检查人员只需对照模型就可以对钢筋锚固长度、搭接位置、钢筋型号、箍筋间距等进行检查验收,改变了以往对照图集、二维图纸进行验收的方式,提高了工作效率和质量。

④在BIM模型中可快速输出现场各段各层各强度等级的混凝土工程量、模板面积、钢筋用量及水电管线数量,以配合完成成本三算工作,机电构件明细如图7-7-23所示。

图7-7-23 机电构件明细

(10)物资管理

模型工程量是物资部门进行现场提料、领料控制的一项重要依据,通过建立BIM钢筋模型,对钢筋工程量进行精确统计(图7-7-24),包括直螺纹套筒数量,从而控制材料用量,减少现场浪费,节约成本。

图7-7-24 钢筋数量统计

(11)土建与机电模型整合(图7-7-25)

通过建立机电模型可完成管道碰撞检测及调整。

(12)碰撞检查(图7-7-26)

通过模型整合后的碰撞检查,及时发现并优化后期可能遇到的管线结构间的问题,可减少人材机的浪费。

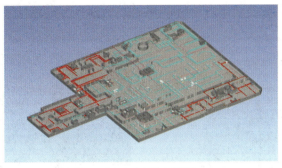

图 7-7-25　土建与机电模型整合

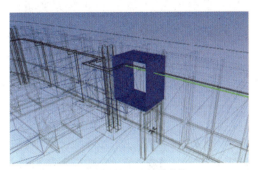

a）采暖管道与通风管道冲突

b）通过更改通风管道标高解决采暖管道和通风管道的碰撞问题

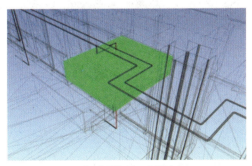

c）采暖管道与通风管道冲突

d）采暖管道与通风管道冲突（修改后效果）

图 7-7-26　碰撞检查

（13）管线线路优化设计（图 7-7-27）

避难层原设计采暖管道经三维排管后发现，走廊安装完成后只有 1.5m 层高，为了满足功能要求，需对管线进行优化排布。

（14）综合支吊架设计应用（图 7-7-28）

通过模型的直观可视性对复杂节点的工序排布、施工难点进行优化，按照三维图纸对支吊架数量及形式进行统计，形成二维可视化加工图，按照支吊架型号及编号批量进行加工，施工现场按照编号进行安装。

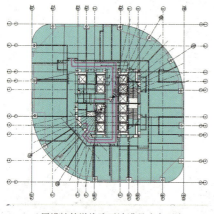
a) 原设计管道线路无法满足净空要求

b) 调整后的管线布置满足要求

图 7-7-27 管线优化设计

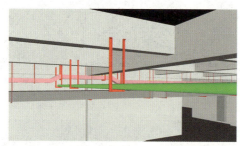
a) 管道支架固定在梁上可以节省支架用量
并保证管道支架的稳固性

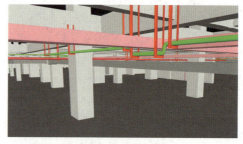
b) 水管与桥架碰撞后下返弯时,弯头处应加支架

图 7-7-28 综合支吊架设计

(15) 机房及设备安装管道排布 (图 7-7-29)

通过对复杂机房管道进行排列,可及时发现碰撞问题并提前解决,节约工期。

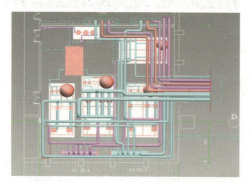
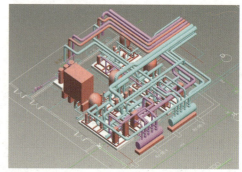

图 7-7-29

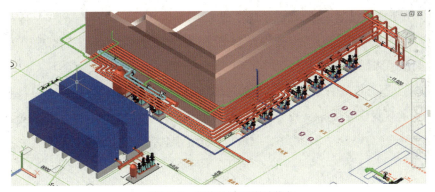

图7-7-29 消防泵房三维管线排布

7.7.4 小结

作为施工总承包单位,要开展以信息模型为基础的BIM综合应用。正确且信息全面的BIM模型是一切信息应用的基础。BIM模型创建阶段的不同规则将直接影响后期模型的质量及应用范围。模型作为信息的载体,建立正确的模型并赋予正确的信息是关键。以往看二维图纸想象三维构造容易对设计产生误解,而三维模型的图元是唯一、直观的。也正是由于模型的直观性,大家一目了然,提高了建筑识别功能,提高了沟通效率。

在模型的应用过程中针对施工中的重点、难点和风险点进行施工模拟,寻找更加合理的施工解决方案。强大的工程量统计功能为施工生产及工程算量提供了更加可靠、准确的信息,可以在对照二维设计图纸建立三维模型的过程中发现图纸问题,及早纠错优化。对施工现场机械位置、场地道路、材料堆码进行三维对比和优化设计,可减少现场的二次搬运以降低成本。同时可通过将土建模型与机电模型结合,进行碰撞检查、施工漫游,在施工前优化管线排布。本工程BIM应用的主要成果如下:

1) 极大地节约了方案的讨论时间

通过三维模型进行优化,参会者可以非常清晰、准确地表达个人观点,提高沟通效率。通过模型的演示,可检验观点的实际效果,高效地对方案进行优化,避免了人为主观判断的偏差与错误。

2) 节约了工人交底的时间,效率成倍提升

一线施工操作工人的文化程度、理解能力、施工经验良莠不齐,通过形象的三维图纸结合平面图、剖面图使得工人能够容易理解设计意图,不需要过多的解释,节约了时间,提高了效率。

3）减少了所需的技工人数，降低了施工成本

通过应用BIM技术，复杂工序变得通俗易懂，操作更为便捷，减小了普通工人和技术工人的差距，无形中降低了施工成本。

通过本项目近一年的不断摸索与实践，BIM技术在施工模拟、复杂机电分析、图纸会审、方案优化、技术交底等方面得到充分应用，并给予我们很大的启示，即实现了施工部署的超前性和施工指导的实用性，才能最终实现项目的全面效益。

附录1 常用术语及释义

1）BIM（Building Information Modeling，建筑信息模型）

BIM是一种可以将建筑设施在设计、建设、运营阶段所需的所有信息通过信息化技术描述和显示出来的模型。它可以将不同专业、不同阶段的信息汇集在单个操作环境中，因此可以减少甚至停止对于纸质文件的需要。BIM目前较多以二维和三维数字技术为基础，4D技术（加入时间维度的数字技术）与5D技术（加入成本控制的数字技术）正在发展中。

2）DEM（Digital Elevation Model，数字高程模型）

DEM是在某一投影平面（如高斯投影平面）上规则网格点的平面坐标（X、Y）及高程（Z）的数据集。DEM的网格间隔应与其高程精度相匹配，并形成有规则的网格系列。根据不同的高程精度，可分为不同类型。为完整反映地表形态，还可增加离散高程点数据。

3）DOM（Digital Orthophoto Map，数字正射影像图）

DOM是利用数字高程模型（DEM）对经扫描处理的数字化航空图像，经逐象元进行投影差改正、镶嵌，按国家基本比例尺地形图图幅范围剪裁生成的数字正射影像数据集。它是同时具有地图几何精度和影像特征的图像，具有精度高、信息丰富、直观真实等优点。

4）IFC（Industry Foundation Class，工业基础类）

IFC是一个公开的、基于对象的信息交换准格式，由Building SMART Aliance开发来帮助建筑行业实现数据交互，是目前BIM项目普遍使用的数据格式。

附录2 BIM评价指标成熟度总表

要素成熟度描述	数据丰富	生命周期	变更管理	角色专业	业务流程	及时响应	提交方案	图形信息	空间能力	信息准确度	互用/IFC
1	基本核心数据	没有完整的项目阶段	没有变更管理能力	单一角色没有完全支持	和业务流程无关	大部分响应信息需要手工重新收集	只能单机访问BIM	纯粹文字	无空间定位	没有准确度	没有互用
2	扩展数据集合	规划和设计	知道变更管理(CM)	只支持单一角色	极少流程收集信息	大部分响应信息需收集但知道在哪里	单机控制访问	2D图形、非智能、非NCS（美国CAD标准）	基本空间定位	初步的准确度	勉强互用
3	增强数据集合	加入施工/供应	知道CM和根本原因	部分支持两个角色	部分流程收集信息	数据请求不在BIM中	网络口令控制	NCS 2D非智能	空间位置确定	有限准确度，内部空间	有限互用
4	数据+若干信息	包括施工/供应	原因分析法(RCA)和反馈	完全支持两个角色	大多数流程收集信息	有限的响应信息在BIM中	网络数据存取控制	NCS 2D智能设计图	空间位置完全确定、GIS和BIM有部分信息交流	完全准确度、内部空间	有限信息通过产品之间进行转换

续上表

附录2 BIM评价指标成熟度总表

要素成熟度描述	数据丰富	生命周期	变更管理	角色专业	业务流程	及时响应	提交方案	图形信息	空间能力	信息准确度	互用IFC
5	数据+扩展信息	包括施工、供应和预制	实施变更管理	部分支持规划设计、施工	所有流程收集信息	大多数响应信息在BIM中	有限的Web服务	NCS 2D智能竣工图	空间位置确定,GIS/BIM信息分享,但没有集成和互用	有限准确度,内部和外部空间	大部分信息通过产品间转换
6	数据+有限权威信息	加入有限的运营和维护	初期变更管理过程实施	支持规划、设计、施工	极少数流程收集和维护信息	所有相应信息在BIM中	完全Web服务,部分信息完全保障	NCS 2D智能、实时	空间位置确定,GIS/BIM完全信息分享	完全准确度,内部和外部空间	所有信息使用产品间转换
7	数据+相当权威的信息	包括运营和维护	变更管理过程到位	部分支持运营维护	部分留存划能够收集和维护信息	所有响应信息可以及时从BIM中获取	Web环境,人工信息安全保障	3D智能图	BIM部分集成进GIS环境	有限的自动计算	有限信息使用IFC进行互用
8	完全权威的信息	加入财务	CM和RCA能力得到实施	支持运营维护	所有流域收集和维护信息	有限的实时访问BIM	Web环境,良好信息安全保障网络中心技术	3D智能图、实时	BIM大部分集成进GIS环境	完全自动计算	更多信息使用IFC进行转换
9	有限知识管理	完整的设施生命周期收集	业务流程由使用RCA和反馈循环的CM支持	支持项目生命周期内的所有角色	部分流程实时收集和维护信息	完全实时访问BIM	网络中心技术、SOA架构,人工4D加入时间管理	BIM完全集成进GIS环境	自动计算,有限度量和准则	大部分信息(70%~90%)使用IFC进行转换	
10	完全知识管理	支持外部系统	日常业务流程全部由CM/RCA和反馈循环支持	支持所有内部和外部角色	所有流域实时收集和维护信息	实施访问+动态供应	网络中心流术、SOA架构,自动管理	nD加入时同,成本等	和信息流一起完全集成进GIS环境	自动计算,完全度量准则	全部信息IFC转换

注:要素成熟度描述中,"1"表示最不成熟,"10"表示最成熟,由1到10成熟度逐步增加。

参 考 文 献

[1] 清华大学BIM课题组.设计企业BIM实施标准指南[M].北京:中国建筑工业出版社,2013.

[2] 清华大学BIM课题组.中国建筑信息模型标准框架研究[M].北京:中国建筑工业出版社,2011.

[3] 中国勘察设计协会.实用的BIM实施框架[M].北京:中国建筑工业出版社,2010.

[4] 《建筑工程设计BIM应用指南》编委会.建筑工程设计BIM应用指南[M].北京:中国建筑工业出版社,2014.

[5] 张建平.BIM技术的研究与应用[J].施工技术,2011.

[6] 何关培.BIM总论[M].北京:中国建筑工业出版社,2011.